이 책을 _____ 님께 드립니다.

어느 혼자의 팡세

…

"법정 스님을 기리며"

"나는 오늘도 내일을 심는다"

"죽음아, 너는 이제 죽었다"

…

어느 詩人의 짱배

초판1쇄 인쇄 2010년 07월 25일
초판1쇄 발행 2010년 08월 01일

지은이 | 심갑섭

펴낸 곳 | 프리윌출판사
펴낸이 | 박영만
기획 | 오지현
마케팅 | 박혜린, 고주연
홍보 | 고준호, 박혜선
디자인 | 김경진
출력 | 오크커뮤니케이션
인쇄 | 광문인쇄

등록번호 | 제2005-31호
등록년월일 | 2005년 05월 06일

주소 | 경기도 고양시 일산서구 주엽1동 90번지 강선마을 1703동-103호
전화 | 031-813-8303   팩스 | 031-922-8303
e-mail | yangpa6@hanmail.net

값 9,800원
ISBN 978-89-93379-09-9   03810

ⓒ프리윌출판사 2010

이 책의 한국어판 저작권은 (주)엔터스코리아를 통한 저작권자와의 독점계약으로 프리윌출판사가 소유합니다. 신 저작권법에 의하여 한국 내에서 보호를 받는 저작물이므로 무단전재와 무단복제를 금합니다.

* 잘못 만들어진 책은 구입처에서 교환해 드립니다.

Contents

매 순간	015
구름	018
밤송이	020
삶의 역설	023
살해당한 날들	026
고난	028
오늘	029
법정 스님을 기리며	031
비전(Vision)	034

호수	038
사추기(思秋期)	040
결혼기념일	043
동반자	047
하늘	049
산 꽃	051
죽음아, 너는 이제 죽었다	053
쓰레기 버리는 날	055
아름다운 저녁에	059

하나님의 눈물	065
이 아침에	068
애모(愛慕)	070
꿈	073
통곡하는 파도	075
나는 오늘도 내일을 심는다	078
투혼	081
바람과 구름	083
자유	086

바다처럼 마음이 넓은 사나이	090
가로등	093
해바라기	095
바위	097
만남	099
탐심	102
가을 나무	104
청포도	107
홍시	110
시인의 하루	113
차 한 잔의 추억	115
하루의 초상	118

인생은 한 장 도화지	123
찻잔에 드리운 고독	126
별	129
추억	131
갈대	135
낙엽처럼	137
자선냄비	138

벚꽃	143
어둠이 내리면	145
사모곡	148
매	151
독도는 우리 땅	154
케이로 양로원	157
등불 같은 사람아!	161
누군가 나를 위해	163
겨울나무	165
거울 속의 남자	168
눈 내린 겨울 숲길을 거닐며	170
외로움	173
살다 보니까	174
황혼(黃昏)	175

책을 내면서

시인이란 세 가지의 마음을 가져야 한다고 생각한다. 강한 심장과 여린 가슴, 그리고 아픈 마음이다. 강한 심장은 불의에 대항하기 위해서, 여린 가슴은 주위의 고통을 나눠 갖기 위해서, 그리고 아픈 마음은 자신의 죄를 부끄러워하기 위해서이다.

시나브로… 나는 언제쯤이나 이 세 가지 마음을 제대로 갖춘 시인이 될 수 있을지?…

나는 칠레의 시인 파블로 네루다의 '詩' 라는 시를 좋아한다.
"어느 날 시가 나를 찾아왔고, 나는 그것이 내 순수한 심연의 한 부분임을 알았고, 마침내 내 내재성들은 열려있는 하늘 위에서 자유롭게 부서졌다."
이것은 곧 내 얘기다. 그래서 나는 '내 마음의 팡세' 이기도 한 그 詩의 전문을 여기 소개하는 것으로 책의 서문을 대신하고자 한다.

시(詩)

그리고 그 나이가 되었다… 시가
나를 찾아왔다. 나는 모른다, 나는 모른다.
시가 어디에서 왔는지, 겨울인지 강인지,
시가 어떻게, 혹은 언제 왔는지 나는 모른다.

시는 목소리도 없었고, 말도 없었고,
또한 침묵도 없었다.
그러나 어떤 거리에서 시는 나를 불렀다.
밤의 어둠속에서,
갑자기 다른 것들에서,
타오르는 화염 속에서,
혹은 혼자서 되돌아오는 길속에서,
그 곳들에 나는 어떤 모습으로도 존재하지 않았고,
그래서 시가 나를 건드렸다.

나는 무엇을 말해야 할지 몰랐다.
나의 입은 이름들을
부르는 방법을 몰랐고
나의 눈은 멀었다.
그리고 나의 영혼 속에서 무엇인가가 일어났다.
열정 혹은 잃었던 날개,
그래서 나는 그 열정을
인식할 수 있는
나의 길을 찾았다.
그리고 나는 최초의 희미한 시 한 구절을 썼다.
희미하고 본질이 없는 순수한,
바보 같은,
아무것도 모르는 누군가의
순수한 지혜,

그리고 갑자기 나는 보았다.
천상들이
풀어 헤쳐져서
드러나는 것을.
유성들,
쿵쾅거리는 내재성들,
구멍이 뻥뻥 뚫려있거나,
화살과 불, 그리고 꽃들로
뒤엉켜 있는 그림자,
바람으로 흐르는 밤의 우주.

그리고 나, 미미한 존재,
거대한 별처럼 빛나는
공허나 신비의 유사함이거나
이미지에 취해서,
순수한 심연의 한 부분임을 알았다.
나는 별들의 폐달을 밟았고,
내 마음은 열려 있는 하늘 위에서 자유롭게 부서졌다.

POETRY

And it was at that age… Poetry arrived
in search of me. I don't know, I don't know where

it came from, from winter or a river.
I don't know how or when,
no they were not voices, they were not
words, nor silence,
but from a street I was summoned,
from the branches of night,
abruptly from the others,
among violent fires
or returning alone,
there I was without a face
and it touched me.

I did not know what to say, my mouth
had no way
with names,
my eyes were blind,
and something started in my soul,
fever or forgotten wings,
and I made my own way,
deciphering
that fire,
and I wrote the first faint line,
faint, without substance, pure
nonsense,

pure wisdom
of someone who knows nothing,
and suddenly I saw
the heavens
unfastened
and open,
planets,
palpitating plantations,
shadow perforated,
riddled
with arrows, fire and flowers,
the winding night, the universe.

And I, infinites mal being,
drunk with the great starry
void,
likeness, image of
mystery,
felt myself a pure part
of the abyss,
I wheeled with the stars,
my heart broke free on the open sky.

- 지은이 심 갑 섭 -

유대 격언에 '영원히 살 것처럼 배우고 내일 죽을 것처럼 살아라.' 라는 말이 있다.

1972년 10월 13일 금요일, 안데스 산맥에 비행기가 추락했다. 난도 파라도와 로베르토는 영하 30도의 극한 지대에서 사망한 동료의 인육을 먹으며 버티다가, 구조 요청을 위해 아무 장비도 없이 그저 몇 벌의 옷을 걸쳐 입고 해발 5천 미터의 안데스 산을 넘었다. 그리고 1백km를 걸어서 극적으로 구조 요청에 성공함으로써, 72일간의 사투 끝에 남은 동료들을 구출할 수 있었다. 그들은 45명중 13명만 살아남았다.

그 후 난도 파라도는 이렇게 말했다.

"안데스의 첩첩 산중에서 우리는 심장의 한 박동에서 다음 박동으로 근근이 이어가면서도 삶을 사랑했다. 놀랍게도 그 순간 인생의 매초매초가 선물임을 깨달았다. 나는 생환 이래 그 처절했던 순간들을 잊지 않고 살아가려 애썼고, 그 결과 내 인생은 더 많은 축복으로 채워졌다. 그때의 경험으로 나는 말한다. 숨을 쉬어라. 다시 숨을 쉬어라. 숨을 쉴 때마다 너는 살아있는 것이다. 살아있는 너의 존재를 사랑하라. 매 순간을 충실하게 살아가라. 단 한순간도 허비하지 말고!…"

매 순간

아침 안개의 이불을 거두기 전에
숲속에 찾아 든다

호젓한 자리에 앉아 아침이 깨어나기를 기다리며
마음을 가다듬는다

갑자기 허밍 새 한 마리 어디 선가 튀어나와 눈앞에 머문다

퍼 르르르르…

공간에 정지한 잠시 그 순간
시간도 멈추고 내 호흡도 멈춘다

누가 순간은 영원하다고 했던가?

그 짧았던 영원한 순간의 멈춤은
다시 시간 속으로 숨어버린다

영원은 시간 속에 감추어진 순간이라,
삶은 죽음으로 옷을 입고 죽음은 삶으로 옷을 벗는다

빅토르 위고의 단편 〈93〉에 이런 이야기가 나온다.

대포를 실은 배가 태풍을 만났다. 거친 파도는 대포를 묶어놓은 쇠사슬을 끊어버렸다. 선원들은 배 안에서 뒹구는 대포를 붙잡기 위해 필사적으로 매달렸다. 태풍보다 위험한 것은 배 안의 대포였다. 그때 문득 선원들은 새로운 사실 하나를 깨달았다.
"우리를 진정 위험에 빠뜨리는 것은 외부의 태풍이 아니라 멋대로 굴러다니는 내부의 대포다."

보고 있을 때보다 보고 싶을 때가 더 간절하다. 가지고 있을 때보다 갖고 싶을 때가 더 간절하다. 배부른 포만감보다 배고픈 시장기가 더 입맛을 돋운다. 건강할 때 보다는 병마에 시달리고 있을 때 더 생명의 소중함을 실감한다.

모자람이 채움보다 나은 것은 모자람에는 채움을 향한 '고픔'이 있기 때문이리라. 고픔에는 기다림이 있다. 고픔에는 그리움이 있다.

고픔에는 기대감이 있다. 고픔은 기대하는 마음으로 그리는 기다림이다. 사람들은 이것을 '희망'이라고도 하고 '목적의식'이라고도 한다. 그러나 고픔이 충족된 후에는 종종 희망도 목적의식도 사라지는 것을 본다.

물질이 풍족한 경제 선진국보다는 고픔의 단계에 있는 경제 후진국 국민들의 행복지수가 더 높은 것은 이 때문일 수도 있다. 가진 자의 옹졸함보다 가난한 자의 넉넉함이 오히려 미덕으로 고파진다.

구름

어두운 얼굴로 흘러가던 먹구름을
높은 산이 가로 막는다

넘어가기에는 너무 무거워
짊어진 짐을 다 쏟아 내려놓으니

환한 얼굴
흰 구름 되어 흘러간다

"내가 갖고 있는 것은 영원히 남의 것이요, 남에게 주어버린 것은 영원히 내 것이다."
이것은 〈숫타니 파타〉에 나오는 석가모니의 말씀이다.

또 인도 속담에 이런 말이 있다.
"음식에 소금을 넣으면 맛있는 음식이 되지만, 소금에 음식을 넣으면 먹을 수 없는 음식이 된다."

인생도 마찬가지이다. 욕망은 소금과 같아서 자족하는 삶 속에 욕망을 넣으면 멋있는 인생이 될 수 있지만, 욕망 속에 삶을 넣으면 망쳐진 인생이 되고 만다.

사람은 생각하는 대로 살지 못하면 사는 대로 생각하게 된다. 만족과

부족의 차이는 마음먹기에 달렸다. 자족하는 마음은 만족을 누리지만, 탐하는 마음은 늘 부족을 느낀다. 소유는 집착을 낳고 집착하는 한 결코 소유한 것이 아니라 소유 당하는 것이다.

비움은 자유다. 갖고자 하면 잃고, 버리고자 하면 얻게 되는 것이다.
얻어야만 행복해지는 사람은 잃으면 불행해진다.
반면에 잃으면서도 행복해지는 사람은 얻을 때에도 행복을 누린다.
이 비결을 깨닫는 사람이 행복을 소유한다. 집착으로부터 자유로울 때 진정한 소유를 누린다.

밤송이

한 여름 땡볕에 머리가 까지도록 벌겋다
육신이야 고단하지만 잘 익혀서
남 좋은 일 시킨다는 생각에 참을만 했다

작년 가을쯤 한 사람이 나타났다
인적이 없는 곳인지라 무척이나 반가워서
나무 그늘에 앉아 쉬고 있는 그에게

잘 익은 밤 몇 개를 떨궈 주었다

해가 지난 어느 날
한 무리의 사람들이 고적한 이곳에 들이닥쳤다
차림새를 보니 모자를 쓰고 배낭을 메고 소풍이라도 나온 듯 싶은데
눈빛이 예사롭지 않다
주위를 샅샅이 뒤지며 밤톨을 줍고도 성이 차지 않는지
발로 차고 흔들다가
급기야는 돌을 던지기 시작한다

한 바탕 난리를 피우며
싹쓸이 타작을 마친 사람들이 떠나자
놀란 다람쥐가 넋이 나간 듯 눈물을 글썽인다
지들에게야 간식(間食)일 뿐이지만
다람쥐 가족은
올 겨울동안 먹고 살 주식(主食)을 강탈당한 것이다

다람쥐야 미안하다

미국의 척 스윈돌 목사는 이렇게 말했다.

'나이가 들면 들수록 삶에 대한 '태도'가 우리의 인생에 얼마나 많은 영향을 끼치는가를 더욱 더 뼈저리게 깨닫는다. 나에게 태도는 사실들보다 더 중요하다. 태도는 교육보다, 돈보다, 환경보다, 과거의 실수보다, 과거의 성공보다 그리고 사람들이 생각하고 말하고 행동하는 것보다 중요하다. 태도는 외모나 재능이나 기술보다 중요하다. 태도는 회사나 교회나 가정을 훌륭하게 만들 수도 있고, 그것들을 파괴할 수도 있다. 하루하루를 어떻게 살아갈 것인가에 대한 우리의 태도에 의해 우리가 매일매일 행동을 선택할 수 있다는 사실을 우리는 기억해야 한다. 우리는 흘러간 과거를 변화시킬 수 없다. 우리는 또한 필연적으로 발생하는 일들을 변경할 수도 없다. 우리가 할 수 있는 단 한 가지 일은 우리가 갖고 있는 유일한 현을 연주하는 것인데, 그것이 바로 우리의 태도이다. 나는 내 인생의 10%는 나에게 발생한 일들이고, 내 인생의 90%는 그 발생한 일에 대해 내가 반응한 행동들이라는 사실을 확신한다. 여러분들 역시 마찬가지이다. 우리 각자는 우리의 태도에 책임을 져야 한다."

편안을 추구하면 권태가 들어오고, 편리를 추구하면 나태가 들어온다. 나를 불편하게 하던 많은 것들이 실은 내게 필요한 것들이었다. 얼마나 오래 살 것인지를 선택할 수는 없지만, 얼마나 보람 있게 살 것인지는 선택할 수 있다. 얼굴의 모양을 선택할 수는 없지만, 얼굴의 표정은 조절할 수 있다. 주어진 환경을 선택할 수는 없지만, 마음의 자세는 선택할 수 있다. 그러므로 행복도 선택이고 불행도 선택이다.

삶의 역설

줄을 끊으면 연이 더 높이 날을 것 같았다
그러나 땅바닥으로 추락하고 말았다

철조망을 없애면 가축들이 더 자유롭게 살 것 같았다
그러나 사나운 짐승에게 잡혀 먹혔다

관심을 없애면 다툼이 없을 줄 알았다

그러나 다툼 없는 남남이 되고 말았다

간섭을 없애면 편하게 살 수 있을 줄 알았다
그러나 외로움이 뒤쫓아 왔다

바라는 게 없으면 자족할 것 같았다
그러나 삶에 활력을 주는 열정도 사라지고 말았다

불행을 없애면 행복할 줄 알았다
그러나 행복이 무엇인지도 깨닫지 못하고 말았다

리차드 범브란트가 쓴 〈하나님의 지하운동〉이라는 책에 등장하는 써로이 아누 신부는 이렇게 말한다.

"미소를 지을 수 없는 날이면, 상점 문을 열지 않는 편이 낫습니다. 웃는 데는 17개의 안면근육이 필요하지만, 찡그리는 데는 43개가 필요합니다. 언제나 기뻐할 충분한 이유가 있지요. 하늘과 내 마음속에 하나님이 계시고, 오늘 아침에도 빵 한 조각을 먹었습니다. 아주 맛있었습니다. 저기 보십시오. 해가 빛나고 있습니다. 여기 있는 분들이 모두 나를 사랑해 줍니다. 하루라도 기뻐하지 않으면 그 하루는 잃어버린 것입니다. 그 날은 다시 돌아오지 않을 것이기 때문입니다."

미소, 기쁨, 희망, 신뢰, 사랑과 같은 단어들은 삶을 풍요롭게 하는 반면 파괴, 상실, 타락, 불신, 반항과 같은 단어들은 삶을 황폐하게 만든다. 앞의 것들은 정원의 꽃처럼 정성껏 가꾸지 않으면 죽어 버리는데, 뒤의 것들은 가만 놓아두어도 잡초처럼 무성하게 자란다.

그래서인가? 소크라테스의 말이 폐부를 찌른다. '질문 되어 지지 않은 삶, 그것은 살 가치가 없다!' 자신의 삶을 가꾸라는 얘기다.

살해당한 날들

조금만 피곤하면 만사를 귀찮아하고
좀 건강해지면 만사를 간섭하려 들고
사소한 칭찬에는 싱글벙글 즐거워하다가도
사소한 갈등에는 온 종일 짜증스러워 하고
옆에 없으면 죽고 못 살 것 같던 사람도
세월이 지나면 심드렁해 하고
그렇게 갖고 싶어 하던 것도
막상 갖게 되면 그저 그렇게 여기고
남이야 어찌 되건
나만 등 따습고 배부르면 상관하지 않고
더 이상 꿈도 꾸지 않고
더 이상 감동도 느끼지 못하고
더 이상 감사의 마음도 없이
하루하루를 죽이면서 지낸다면
그건 자신의 날들을 살해하는 것이다

로키 산맥 해발 3천 미터 높이에 수목 한계선 지대가 있다. 이 지대의 나무들은 매서운 바람 때문에 곧게 자라지 못하고 무릎을 꿇고 있는 모습을 한 채로 있어야 한다. 이 나무들은 그 열악한 조건에서도 생존을 위해 무서운 인내를 발휘하는 것이다. 그런데 세계적으로 가장 공명(共鳴)이 잘되는 명품 바이올린은 바로 이 무릎을 꿇고 있는 나무로 만들어진다고 한다.

피아노 속에는 240개의 쇠줄이 4만 파운드나 되는 강한 힘으로 팽팽하게 매어져 있다. 이런 엄청난 긴장 속에서 아름다운 소리가 나온다.

이 세상에서 가장 향기로운 향수는 발칸산맥의 고지대에서 자란 장미에서 나오며, 그 장미는 가장 춥고 어두운 시간인 자정에서 새벽 2시 사이에 채취된다고 한다. 장미는 한 밤중에 가장 향기로운 향기를 뿜어내기 때문이란다.

우리는 캄캄한 밤이 되어야만 비로소 별빛이 아름답다는 것을 깨닫곤 한다. 일상의 행복이 소중하다는 것을 깨닫는 것도 절망과 고통의

밤을 겪을 때이다. 우리는 무지개를 보고 싶다면 천둥과 번개와 비바람을 각오해야 한다.

고난

한 점 구름도
자취도 없는데
파란 하늘가에 바람이 인다

바람이 뒤 흔든 자리에
침묵처럼 먹구름이 내려앉고
서글픈 눈물처럼 비가 내린다

얼룩진 빗물 자국 아직도 여전한 데
햇살이 삐죽이 들이 내민 하늘가엔
오색찬란한 무지개가 탄생한다

법정 스님은 〈산에는 꽃이 피네〉라는 책에서 이렇게 말했다.

"어떤 사람이 불안과 슬픔에 빠져 있다면, 그는 이미 지나가버린 과거의 시간에 아직도 매달려 있는 것이다. 또 누가 미래를 두려워하면서 잠 못 이룬다면, 그는 아직 오지도 않은 시간을 가불해서 쓰고 있는 것이다. 과거가 미래 쪽으로 한 눈을 팔면 현재의 삶이 소멸해 버린다. 보다 직설적으로 표현하면 과거도 없고 미래도 없다. 항상 현재일 뿐이다. 지금 이 자리에서 최선을 다해 최대한으로 살 수 있다면, 여기에는 삶과 죽음의 두려움도 발붙일 수 없다. 저마다 서있는 자리에서 자기 자신답게 살라!'

오늘

지금까지 살아온 날들의 마지막 날이고
지금부터 살아갈 날들의 첫 날이다

지나온 모든 날들에 대한 결과이고

지나갈 모든 날들에 대한 원인이다

마지막과 처음이 만나는 날이요
삶의 끝인 동시에 죽음의 시작이요
죽음은 또한 다른 생의 시작이다

이 생에서 보면 영원한 침묵이고
저 생에서 보면 새로운 속삭임이다

이 생의 끝도 오늘이고 저 생의 시작도 오늘이다
한 쪽의 문이 닫히자 다른 한 쪽의 문이 열린다

'내일' 이란 단어는 존재하는데 '내일' 은 존재하지 않는다
어제는 지나가 버렸고 내일은 결코 오지 않는다

해서 오늘은 영원한 현재인 것이다
그런데도 그저 그렇게 별 볼일 없이
오늘을 지낸다는 것이 사뭇 놀랍다.

법정 스님을 기리며

관악기의 울림이 아름다운 건
마음을 비웠기 때문입니다
현악기의 선율이 아름다운 건
가슴을 찢는 호소가 있기 때문입니다
북이 두드림이 아름다운 건
비움과 다함을 드리기 때문입니다
종소리가 아름다운 건
떨리는 아픔으로 노래하기 때문입니다

버리지 못한 욕심에 숨 막힐 때
관악기가 되어주고
무기력한 태만으로 늘어질 때
현악기를 연주하며
포기하려고 주저앉을 때
가슴을 두드리는 북소리로 나를 일깨우고
떠나고자 손을 놓을 때
님은 살 떨리게 온 몸으로 진동하는 종소리였습니다

논바닥이 쩍쩍 갈라지듯 마음이 가물어져
울며 소리칠 때가 그립습니다
그때가 차라리 아름답기 때문입니다
질곡의 자국마다 빗물이 고이듯
패인 가슴마다에 음악을 담아
님은 마침내 노래를 부릅니다
나도 님처럼 생의 마지막 그릇이 엎질러 질 때
넘치는 음악으로 흘러내리고 싶습니다

미국의 토마스 에디슨은 30세에 축음기를 발명했다. 만인의 귀에 노래를 들려준 에디슨 자신은 정작 어린 시절부터 귀머거리였다.

한국의 김명준씨는 2006년 5월19일, 63세의 나이로 에베레스트 산 정상에 올랐다.

미국의 커넬 샌더스는 66세에 켄터키 프라이드치킨 사업을 시작해서 대성공을 거두었다.

페루의 윌리엄 윌리스는 69세에 돛단배를 타고 태평양을 횡단했다.

미국의 로널드 레이건은 70세에 대통령에 당선되었다.

영국의 문호 존 밀턴은 60세에 실명된 상태에서 〈실낙원〉이라는 불

후의 명작을 남겼다.

비전(Vision)이란 말은 보이는 것과 보이지 않는 것이란 뜻을 동시에 가지고 있다. 즉 보이지 않는 미래는 보이는 지금에 따라 달라진다는 것이다. 오늘의 노력 없이는 비전은 끝내 보이지 않는 것일 뿐이다.

인간을 무너뜨리는 것은 보이는 육신의 장애가 아니라 보이지 않는 마음의 장애이다.

맥아더 장군은 78세에 이런 글을 남겼다.
"오래 살았다는 이유만으로 늙는 것은 아니다. 사람이 노쇠(老衰)하는 이유는 자신의 꿈을 잃어버리기 때문이다. 사람이 나이가 들면 얼굴에 주름살이 생기는 것은 당연한 일이다. 그러나 미래에 대한 꿈을 버린 자는 마음의 주름살이 생길 것이다."

비전(Vision)

우중충한 날씨처럼
기분이 진하게 가라앉는 때가 있다

그 침울한 분위기에
공기마저 무겁게 내려앉는다
주변의 모든 것도 버거운 듯
허우적거린다

끊임없이 진통을 앓으면서도
정작 해산의 기미는 없다
詩想을 잃어버린 시인의 마음은
이처럼 초조하다

다행히 이런 날 커피를 마시면
그 구수한 향기 나마
훌쩍 떠나지 않고
곁에 머문다
그리고 그 향기는 다시
꿈을 지핀다

쓰레기장에는 내다 버린 물건들이 널브러져 있다. 남루한 행색의 흑인 남자가 구부러진 못들을 망치로 두드린다. 반듯하게 펴진 못들이 작은 상자에 겸손히 놓여 있다. 달리 마땅한 일거리도 없는지라 하루 종일 두드려도 가족에게 겨우 한 끼 식사 값이란다.
무심코 버리려던 구부러진 못 하나, 언젠가 신문에서 본 사진과 글이 생각나서 슬그머니 못 그릇에 다시 내려놓는다.

미국 UCLA 농구팀의 존 우든은 '재능은 하나님이 주시는 것이니 겸손해야 합니다. 명성은 인간이 주는 것이니 감사해야 합니다. 자만은 자아가 주는 것이니 조심해야 합니다.' 라고 말했다.
그러고 보면 겸손이란 자신을 낮추는 것이 아니라, 자신을 제대로 깨닫는 것이다. 물은 깊을수록 고기가 모이고, 생각은 깊을수록 지혜가 생기고, 마음은 깊을수록 사랑이 많아진다.

호수

주고 또 주어도 받을 수 없는 곳
받고 또 받아도 모아 둘 수 없는 곳
그곳은 높은 곳 정상(頂上)

모두가 차지하기 원하는 곳
남들을 재치고 부지런히 올라온 힘든 길이지만
계속 머무르기엔 버거운 곳

해서 뜻은 높이되 자세는 낮추기로 했습니다

이제야 하늘이 주는 빗물을 받아 모을 수 있습니다
낮아질수록 물은 더 깊어지고
물고기는 더 많아졌습니다
나무들도 내 곁으로 이사 오고 싶어 했고
어느덧 숲이 우거졌습니다

사람들도 하나 둘
아이의 손을 잡고 나를 보러 왔습니다
웃는 아이들의 얼굴이 내 수면에 비치니
나의 마음도 아이처럼 마냥 즐겁습니다

로버트 브라우닝의 詩에 인용된 문구 중에 랍비 벤 에즈라의 다음과 같은 글이 있다.
"나와 함께 나이 들어가자! 가장 좋을 때는 아직 오지 않았다. 인생의 후반, 그것을 위해 인생의 초반이 존재하나니…"

헤프게 내리쬐던 젊은 태양이 지칠 즈음이면 소소한 가을바람이 분다. 여름의 뜨거움에 등 돌렸던 마음도 가을 햇살이 비추는 따스함에 마주 보게 된다. 가을 햇살은 아까워서 두고두고 조금씩 떼어 먹는 솜사탕 같다. 그 달콤한 사탕발림에 고추가 빨갛게 익고 저리도 은은하게 단풍이 물든다. 나도 가을 햇살 같은 사추기(思秋期)를 살고 싶다.

〈※ 사추기(思秋期)는 중·장년층이 정신적, 육체적으로 새로운 변화를 겪는 시기를 이르는 말임〉

사추기(思秋期)

평생에 한번이라도 파마를 해보고 싶은 것이
언제부터인가 내 소원의 목록에 첨가 되었다

하고 싶어도 할 수 없는 소원이라면

동화의 궤짝 속에다 버려둔다지만
하고 싶고 할 수도 있는 소원이라면
더 늦기 전에 시도하고 싶은 것은
먹는 속도가 더 빠르게 느껴지는 나이 때문인 것 같다

몇 번의 망설임과 주저 끝에 일단 저질러 놓고 보자고 다짐했다
뭇 시선과 수군거림에도 태연자약 할 수 있다면
그 또한 자유롭고 용기 있는 모습이라고 우겨본다

그럼에도 불구하고 예상을 뛰어넘게 달라 보이는 내 모습은
앓는 신음처럼 절제된 식구들의 놀라움과 함께 나를 당혹케 한다

용기가 아니고 객기였나?
영양가 없이 볼품없는 소원풀이였지만
그래도 해내었다고 씁쓸하게 위로해 본다

유대인 친구의 결혼식에 간 적이 있다. 결혼식 만찬을 앞두고 신랑과 신부가 하객들 앞에 선다. 신랑이 하얀 냅킨에 투명한 유리잔을 감싸서 땅에다 놓더니 사정없이 발로 깨부순다. 깨진 유리조각을 신랑신부가 함께 원상복귀 시킬 때까지 살겠다는 다짐이다.

부부는 마치 유리잔과 같다. 살다 보면 속속들이 다 보인다. 자칫 잘못하면 손에서 미끄러진다. 한 번 깨지면 원상복귀가 어렵다. 늘 조심해서 다뤄야 한다.

아파치족 인디언들은 결혼하는 신랑 신부에게 다음과 같은 축시를 들려줌으로써 그들을 축하한다고 한다.

이제 두 사람은 비를 맞지 않으리라
서로가 서로에게 지붕이 되어 줄 테니까
이제 두 사람은 춥지 않으리라
서로가 서로에게 따뜻함이 될 테니까
이제 두 사람은 더 이상 외롭지 않으리라
서로가 서로에게 동행이 될 테니까
이제 두 사람은 두 개의 몸이지만
두 사람의 앞에는 오직 하나의 인생만 있으리라
이제 그대들의 집으로 들어가라

함께 있는 날들 속으로 들어가라
이 대지 위에서 그대들은 오랫동안 행복하여라

결혼기념일

삶의 정분은 소근 소근 내리는 눈송이처럼
깊은 밤 녹아내리는 촛불처럼 그윽하다

얼굴에 하나 씩 늘어가는 밭이랑엔
함께 겪은 사연들이 묻혀 있구나

그때는 떫기만 하고 어색하던 우리의 사랑도
검은 머리에 서리 내릴 즈음 되니 홍시처럼 달구나

그때, 활줄이 팽팽할 땐 바이올린 소리가 담을 넘었는데
이제, 느슨해진 활줄에서는 첼로소리가 방안으로 내려앉는다

그때는 함께 있어도 사막처럼 갈증에 목말랐으나

이제는 멀리 있어도 그리움이 샘물처럼 솟아오른다

그때는 받지 못해 투정하던 몸부림이었는데
이제는 주기만 해도 즐거울 수 있구나

그때는 환한 불 밝히고도 보지 못하던 네 모습이
이제는 불 없는 밤이 와도 사진처럼 선명하구나

콩깍지가 씌웠었다던 너의 푸념 같은 투정에도
나는 갈수록 콩깍지가 씌운다고 말 할 수 있어서 좋고
가지런한 윗 치아 밑에 가려진 아랫니의 파격을 16년 만에야 발견하고서
속았다고 투덜대어도 섭섭지 않아 좋구나

나에게 던지는 너의 미소에 내 마음은 물결치고
너의 음성 내 귓가에 새가 되어 지저귄다

가만히 불러보는 너의 이름만 생각해도
산등성이를 내리 달리는 노루처럼 나의 맥박은 뛰는구나

무수한 단어들이 부끄러이 머뭇거리다가 갓 태어난 한 마디

'내 사랑하는 아내여!'
감사의 기도되어 내 가슴에 꽃 피운다

사랑하여 행복하고 사랑받아 아름다워진
너의 눈길이 나를 감싸고
달콤한 꿈속으로 내리 눕는다

시간은 강물처럼 흐르고 사랑은 과육처럼 익어가고…

〈2006년 서북미 뿌리문학상 수상 작품〉

영화 〈슈퍼맨〉의 주인공인 크리스토퍼 리브는 1995년에 말에서 낙마해서 전신마비 장애인이 되었다. 그는 혈전증까지 겹쳐 수차례 사경을 헤맸다. 그러나 리브는 단 한 번도 삶을 포기하지 않았다. 목에 부착된 호흡장치가 빠져 질식할 위기에 처했을 때는 이빨을 부딪쳐 간호사에게 신호를 보냈다.

리브는 전신마비의 몸으로 〈이창〉이라는 TV영화에 주인공으로 출연했다. 그는 이 영화에서 심오한 표정연기를 보여줘 최고의 연기자라는 명성을 얻었다. 리브는 영화 출연 소감을 이렇게 말했다.
 "장애인들에게 희망을 주고 싶었습니다. 전신마비 장애인도 아름다운 여자와 사랑을 나눌 수 있다는 것을 보여주고 싶었습니다."

리브의 재활의지를 북돋운 사람은 그의 아내 다나였다. 다나는 잠시도 남편 곁을 떠나지 않고 헌신적으로 내조했다. 그녀는 이렇게 말했다.

"지금껏 나는 남편으로부터 넘치는 사랑과 보호를 받았습니다. 이제 내가 그를 보호할 차례가 왔을 뿐입니다."

동반자

벌새 한 마리가 덩굴나무의 가지 위에 내려앉자
그 무게에 놀란 듯 휘청거린다
그러나 그것도 잠시 뿐,
나무와 새는 어느덧 서로에게 무척이나 편안해 보인다

내 삶 속에 그녀를 맞아 들인지도 어언 십 수 년
함께 어우러지는 일에 미숙했던 나날도 있었지만
이제는 그녀가 없는 나의 모습은 상상할 수가 없다
마치 새가 깃들이지 않는 나무처럼 외롭기만 할 것이다

우리에겐 어느 것 하나라도 필요 없는 존재란 없다
우린 서로에게 꼭 필요한 존재들이다
그녀를 내 인생의 동반자로 엮어주신 하나님께 감사드린다

베트남의 수도승 틱낫한은 〈마음에는 평화 얼굴에는 미소〉라는 책에서 이렇게 말했다.

"아이든 어른이든 우리 모두는 아름다운 꽃이다. 우리의 눈꺼풀은 장미꽃 꽃잎이다. 우리가 눈을 감고 있을 때 눈꺼풀은 정말로 하나의 꽃잎처럼 보인다. 우리의 귀는 새들의 노래 소리를 듣고 있는 나팔꽃이다. 우리의 입술은 미소를 지을 때마다 아름다운 꽃 모양이 된다. 그리고 두 손은 꽃잎이 다섯 개 달린 연꽃이다. 우리는 자신의 꽃 같은 모습이 지금 이 순간 피어나도록 해야만 한다. 한 장의 종이 속에는 구름과 나무들과 벌목꾼이 다 들어 있다."

그렇다. 아름다운 것을 볼 수 있는 비결은 아름다운 마음을 가지는 것이다. '농촌진흥청 잠사곤충연구소 생체활성연구실'에서 4년여에 걸쳐서 음악이 농작물에 미치는 영향을 조사했다. 아름다운 음악을 듣고 자란 식물과 음악을 듣지 못한 식물을 비교해 보니 아름다운 음악을 듣고 자란 식물은 생육이 최고 44%나 증가했다고 한다.

칭찬은 우리의 영혼을 살찌우는 아름다운 음악이다. 칭찬이 진실한 마음에서 솟아나올 때 그것은 가장 아름다운 선물중의 하나가 된다.

하늘

흰 구름
비누 거품 내어
바람으로 비벼주니
뽀얗게
깨끗하게
씻은 얼굴
파란 하늘

옛날 한 영주가 자신의 정원을 관리하는 젊은 정원사를 눈여겨보았다. 그는 정원 구석구석을 아주 열심히 관리하고 있었다. 이 광경을 본 영주는 정원사에게 물었다.
"자네가 그리 열심히 한다고 해서 품삯을 더 받는 것도 아닌데 어찌 그토록 정성을 기울이는가?"

그러자 젊은 정원사가 대답했다.
"저는 이 정원을 매우 사랑합니다. 그래서 아름답게 꾸미려고 노력할 뿐입니다."

이 말을 들은 영주는 정원사가 기특하여 그에게 조각 공부를 시켰다. 이 정원사가 바로 훗날 이탈리아 르네상스시대의 최고 조각가요, 건축가이며 화가가 된 미켈란젤로이다.

그리스 최고의 조각가 휘디아스의 '다이아나' 상은 세계적인 걸작이다. 그는 '다이아나' 상이 거의 완성이 되었는데도 계속 마무리 손질을 하고 있었다. 그러자 한 제자가 그에게 물었다.

"지금 무엇을 하고 계십니까?"
"다이아나 상의 뒷 머리카락 한 올을 다듬고 있는 중일세."

제자가 답답하다는 듯이 말했다.
"선생님, 그것은 지상 1백 피트 높이에 세워질 거잖습니까? 동상의 뒤통수를 볼 사람은 아무도 없습니다."

그러자 휘디아스가 화를 벌컥 내며 말했다.
"지금 하늘과 내가 보고 있지 않은가?"

그렇다. 누가 보지 않아도 작은 일일망정 정성을 다하며 주어진 일을 잘 완수하는 사람은 성숙한 사람이며, 성숙한 사람은 곧 성공한 사람이다. 이처럼 누가 보지 않는 일에도 충실한 사람만이 멋진 인생을 만들 수 있다.

산 꽃

깊은 산 골짜기
큰 바위 밑

외진 곳

마음껏 꾸민 맵시
찬란한 절정

보는 이도 없고
아는 이도 없는데

오직 한 분

그 분께 보이려
최선을 다 하는
꽃 한 송이!

신경정신과 교수이자 심리학자인 빅터 프랑클은 〈죽음의 수용소에서〉라는 책에서 '나의 삶을 부유하게 하는 가장 효과적인 방법이 있다면 그것은 다른 사람들의 삶이 부유하게 되도록 도와주는 것이다.' 라고 말했다.
자신만의 행복을 위해서 수고하는 사람은 결국에는 남에게 피해를 주는 이기주의자가 되기 쉽다.

노벨평화상을 수상한 남아공의 지도자 넬슨 만델라는 '그래도 내가 사는 목적은 인간의 존엄성과 자유를 위해서 이다.' 라고 말했다.
흔히들 말하듯 '고생해서 남 주나?' 가 아니라, 남에게 좋은 것을 나눠주기 위해서 고생을 각오하는 자세가 바로 자신의 삶을 부유하게 하는 지름길이다.

죽음아, 너는 이제 죽었다

잔디를 깎아서 한 해 동안 모아 둔 것이 거름이 되었다
죽음이 내어 준 그 자리에 생명이 자라고 있었다

소담스레 자란 완두콩 한 알이 콩 깍지에서 떨어져 땅 속에

파 묻혔다
죽음이 내어 준 그 자리에 생명이 자라고 있었다

탯줄을 끊어버리는 단절이 태아에게 새 생명을 가져 다 주었다
죽음이 내어 준 그 자리에 생명이 자라고 있었다

교통사고로 죽은 청년의 운전면허증에 표기된 장기기증 증서,
청년의 신장은 만성신부전증환자에게 이식되었다
죽음이 내어 준 그 자리에 생명이 자라고 있었다

신사참배를 끝까지 거부하고 핍박 받은 애국지사들의 정절 위에
해방의 꽃이 피었다
죽음이 내어 준 그 자리에 생명이 자라고 있었다

십자가에서 처형당한 한 유대 청년의 죽음 위에 부활의 소망이 싹텄다
죽음이 내어준 그 자리에 생명이 자라고 있었다.

죽음아, 너는 이제 죽었다!

멋진 포장지의 이름은 '하면 된다' 이다. 단단한 포장지를 힘들게 벗겨내니 '긍정적 사고' 라는 포장지가 씌워있다. 계속해서 '꿈은 이루어진다' '자기 성취' '성공적인 삶' 의 이름을 가진 포장지가 겹겹이 씌워져 있다.

마지막 포장지를 뜯어내니 상자 속에 담긴 알맹이의 정체는 '욕심덩어리' 이다. 보기 사나워서 다시 포장지로 옷을 입힌다. 이래저래 우리는 옷을 벗지 못하는 사람들이 되고 만다.

투르게네프의 〈파우스트〉라는 소설에 '나는 몸부림치며 가슴을 앓노라. 수많은 나의 우상들을 부끄러워하며…' 라는 글귀가 나온다. 부질없는 허영과 끝없는 욕심으로 인해서 우상들이 생겨나고, 그 우상에 집착할수록 인생은 초조하고 초라하게 되고 만다.

쓰레기 버리는 날

오늘은 쓰레기를 버리는 날이다
버려야 할 것을 버린다는 것은 참으로 근사한 일이다

삶이 이처럼 무거운 짐에 눌리고 버거운 것은

버려야 할 것을 버리지 못한 때문이리라
입지도 않으면서 옷장에 가 둬 둔 옷가지들도 구세군 창고에
버려야겠다

몹시도 추웠던 겨울, 오갈 데 없는 고양이를 거둘 때와는 달리
이제는 자기가 사랑 받는 것이 당연하다는 듯이 뻔뻔해진
고양이 새미에 대한 섭섭함도 버려야겠다

둥지를 떠날 생각만 하고 부모의 마음을 헤아려주지 않는
자식을 향한 섭섭한 마음도 버려야겠다
벌써 떠나보낼 때가 되었나?
그 동안 잘 해주지 못한 자책의 마음도 버려야겠다

마음속 저축 구좌에서 이자만 불리고 있는
미움도, 아픔도, 시기도, 열등감도 버려야겠다
새 페인트를 칠하기 전에 옛 페인트를 말끔히 벗겨내듯이 버
려야겠다
대신에 감사와 기쁨을 입금할 새 구좌를 오픈해야겠다

오늘 따라 채리꽃 만발한 동네 산책길 가에

미련 없이 버려진 꽃잎들이 더 아름다워 보인다
오늘은 쓰레기를 버리는 날이다

알렉스 로비라 셀마가 쓴 책 〈나를 바꾸는 미로 여행〉에는 티베트의 라마승이 전해주는 이야기가 나온다.

어떤 사람이 늘 달로 여행하겠다는 꿈을 꾸었는데, 어느 날 그 꿈을 이루게 되었다. 그런데 달에 착륙하면서 로켓이 손을 쓸 수 없을 정도로 망가져 버렸다. 달로 간 그 사람은 항상 달에 가겠다는 소망을 품고 있었지만, 그 꿈이 이루어지자 반대로 이제는 지구로 돌아갈 방법이 없는 상태가 된 것이다. 더구나 산소도 사흘치 밖에는 남지 않았고, 현실적으로 그 기간 안에 다른 로켓이 그를 구하러 온다거나 더 많은 산소를 가져다 줄 수도 없는 상태였다. 우주 비행사는 그제야 처음으로 자신이 얻고자 하는 것이 무엇인지, 간절히 원하던 것이 무엇인지를 깨닫게 된다. 그것은 자신이 그토록 가고 싶어 했던 달이 아닌, 지구의 자기 집에서 머물면서 평범하고 소박하게 행복한 삶을 사는 것이었다. 가장 가까이에 존재하고 있던 것을 제대로 알기 위해 달까지 여행해야만 했던 셈이다.

우리 모두는 이 우주비행사와 같다. 멀리 있는 곳에서 행복을 찾지만 실제로 행복은 우리가 추구하는 것보다 훨씬 가까운 곳에 있다는 것을 일깨워주는 이야기이다.

내 인생에서 가장 중요한 날은 '오늘'이고, 내 인생에서 가장 중요한 사람은 '내 곁에 있는 사람'이며, 내가 화를 내며 보내는 일 분 동안 나는 육십초의 행복을 잃어버린다는 점을 명심하자!

아름다운 저녁에

일이 아무리 힘들어도 집으로 돌아오는 마음은 가볍다
하루 동안 두서없이 떠오른 생각들을 메모한 종잇조각을
정리하고 나면 동네 한 바퀴를 달리는 시간이다

달리는 길가에는 가지각색의 꽃들이 순서대로 피어있다
하얀 베고니아는 아름다움의 절정을 지나고 있고
철쭉과 장미는 그 빛깔과 향기가 한창이다
나무 위의 새들은 조깅하는 길에서 매일 마주치지만
늘 새롭게 인사를 건넨다.
하늘 위의 구름은 화창할 땐 파스텔화를 그려놓고

흐린 날엔 수묵화를 그려놓는다

동네에서 가장 높은 언덕을 향해 달릴 땐
나는 영화 '로키'의 주인공이 되곤 한다
동으로는 뉴캐슬 골프장이 보이고
서로는 시애틀 다운타운의 빌딩숲이 보이고
남으로는 레이니어 산 정상의 만년설이 보이고
북으로는 벨뷰의 다운타운이 보이고
그 아래에는 워싱턴 호수가 펼쳐져 있는 정경이 보이는 언덕
이다

항상 혼자서 달리던 동네 길이었는데
오늘은 깡총깡총 토끼가
긴 머리 찰랑찰랑 바람을 일으키며 나와 함께 달린다
너풀너풀 나비가
긴 팔을 휘저으며 나와 함께 달린다
성큼성큼 새끼 노루가
다리춤을 추면서 나와 함께 달린다
빠릇빠릇 대는 퀘일 새가
잰 걸음으로 내 뒤를 따른다

열살 박이 딸아이가 나와 함께 달린다
그 애는 나의 토끼요, 나비요, 노루요, 퀘일 새이다

오늘은 꽃도, 구름도, 하늘도, 바람도, 새침떼기 새들도
몽땅 나만 바라본다 부러운 듯이…
이 아름다운 저녁에…

헤밍웨이의 글 가운데 〈세계의 수도〉라는 짧은 글이 있다. 스페인에 살고 있는 아버지와 청소년기에 있는 한 아들의 이야기이다.

이들 부자는 관계가 좋지 않았다. 결국 아들은 집을 나간다. 아버지는 아들을 찾기 시작했지만 찾을 수가 없었다. 그래서 마드리드신문에 광고를 냈다. 그 아들의 이름은 '파코'였다. 스페인에서는 아주 흔한 이름이다. 신문에는 단순하게 이렇게 광고가 나갔다.
"사랑하는 파코야, 내일 12시에 마드리드신문사 앞에서 만나자꾸나. 너의 모든 것을 용서한다. 내가 너를 사랑한다."

다음날, 마드리드신문사 앞에는 '파코'라는 이름을 가진 800여명의 청소년이 모였다고 한다.

영어로 용서(forgive)라는 단어는 '위하다(for)'라는 말과 '주다

(give)'라는 말의 합성어이다. 이는 또 'pardon'이라는 단어로도 쓰이는데, 여기서 라틴어 'don'은 'donum' 즉 '선물'을 의미한다. 어원상으로 볼 때 용서는 곧 조건 없이 베푸는 선물인 것이고, 결국 사랑한다는 의미와 같은 뜻이다.

하나님의 눈물

〈영화 '패션 오브 크라이스트(The passion of Christ)'를 보고서〉

모래알 속에 담긴 유리방울이요
바위 속에 갇혀 있는 수정이다

시리도록 창백한 하늘에서 떨어지는 흰 눈이요
퍼렇게 멍든 먹구름에서 흘러내리는 빗물이다

유월절 보름
대낮에 생긴 칠흑 같은 어둠은
앞이 캄캄해진 하나님의 놀람이요

하늘을 뒤 흔든 천둥소리는

억장이 무너져 내리는 가슴속의 지진이다

하나님의 가슴으로도 담기에는 너무나 큰 슬픔이기에
제방을 넘쳐서 흘러내리는 홍수의 범람이다

하나님의 눈물,
이 눈물이 있기에 세상은 언제나 살 만한 가치가 있는 곳이다

웨더헤드라는 종교심리학자가 하루 24시간 중 잠자는 8시간을 뺀 나머지 16시간을 사람의 인생에 대입해 본 것인데, 사람의 수명을 70년으로 잡고 갓 태어난 아기는 아침 7시, 20세는 벌써 오전 11시34분, 30세는 오후 1시51분, 40세는 오후 4시8분, 50세는 저녁 6시25분, 60세는 밤 8시, 70세는 늦은 밤 11시, 잠자리에 드는 11시 이후는 죽음의 시간인 영원한 안식을 나타낸다고 한다.

당신의 인생은 지금 몇 시인가?…

사랑한다는 말이나 용서해 달라는 말을 할 기회가 나중에 또 우리에게 주어지리라 기대하지 말고 미루지도 말자.

행복한 만남은 올바른 상대를 찾음으로써 오는 게 아니라, 올바른 상대가 되어줌으로써 온다고 했다. 그러므로 사랑하는 사람과 결혼하게 해 달라고 기도할 뿐만 아니라, 결혼한 사람을 사랑하게 해 달라고 겸손히 간구해야 한다. 왜냐하면 사랑하는 사람과 결혼하는 것이 하나님의 뜻이라면 결혼한 사람을 사랑하는 것은 우리의 뜻이기 때문이다.

투르게네프의 소설 〈아샤〉에 이런 말이 나온다.
"내일이면 나도 행복해진다고 나는 생각했습니다. 그러나 행복에는 내일이란 것이 없습니다. 어제라는 것도 없습니다. 행복은 과거의 일을 기억하지도 못하거니와 미래를 생각하지도 않습니다. 행복에는 현재만이 있습니다. 그것도 오늘이 아니라 이 순간인 것입니다."

이 아침에

이 아침에
아직은 아침 이슬이 잎새에 머물러 있을 때

이 아침에
아직은 새들의 아침 인사가 재잘거릴 때

이 아침에
입맞춤으로 사랑의 잠을 깨울 때

이 아침에
우리의 기도를 들어주기 위해 그 분이 숨 죽여 기다릴 때

이 아침에
사랑하는 그대여, 나와 함께 하나님의 동산을 걸어보세

어느 큰 도시의 빈민촌에 윌리엄스라는 의사가 살고 있었다. 그는 평생 동안 가난한 이웃들의 병을 치료해 주면서 돈을 받지 않았다.

커다란 주류 판매점의 2층에 있는 단칸방을 얻어 살면서 판매점 앞 한 구석에 조그만 진료실을 만들어 놓았는데, 그 간판에는 집게손가락을 위로 향한 그림과 함께 이런 문구가 적혀 있었다.
"닥터 윌리엄스는 위층에 있어요! (Dr. williams is upstairs!)"

평생 결혼도 하지 않고 친척도 없던 그가 죽자, 이웃사람들이 모여서 장례절차를 의논했다. 그는 진료비를 받은 적도 없고, 정부로부터 보조를 받고 생활했기 때문에 한 푼의 저축도 없었다. 이웃사람들이 돈을 모아 봤지만 묘비를 세울만한 돈은 되지 못했다. 그런데 그 중 한 사람이 좋은 의견을 제시했다. 그의 진료소에 걸린 간판을 그대로 옮겨다가 묘비를 대신하자는 것이었다.

그래서 그의 무덤 앞에는 집게손가락이 위층으로 향한 간판이 묘비로 세워졌다.
"닥터 윌리엄스는 위층에 있어요! (Dr. Williams is upstairs!)"

우리는 여기서 '위층'을 '천국'이라고 해도 좋을 것이다. 우리는 너무나 많은 시간을 타인과 경쟁하는 일에 소모한다. 그러나 우리에게 소중한 것은 타인과의 경쟁이 아니라 닥터 윌리엄스처럼 사랑을 베풀면서 신뢰 받는 일에 열중하는 것이다. 그는 가난한 이웃들이 가장 필요로 하는 것을 채워주는 일에 열중하면서 이웃들의 신뢰를 얻었다.
"천국은 바로 위층에 있습니다!(Heven is up stairs!)"

애모(愛慕)

처음엔 임 향한 나의 눈길 무심한 척
개울물처럼 슬쩍슬쩍 흘려보냈습니다

그런데 그 눈길위로
내 마음이 떠나 버렸습니다

마음이 떠나 버리자
발길은 마음을 찾으러 강물처럼 내달렸습니다

헐떡이며 도착한 그곳에서 임을 만났습니다

그리고 더 이상 달릴 필요가 없었습니다

바다 같은 임의 가슴에 안기자
어루만지는 임의 손길에 내 마음이 출렁거렸습니다

아프리카 속담에 '나무를 심을 때는 절대 한 그루만 심지 마라. 세 그루를 심어라. 한 그루는 그늘을 위해, 또 한 그루는 열매를 위해, 그리고 나머지 한 그루는 아름다움을 위해…' 라는 말이 있다. 나무를 심는다는 것은 꿈을 심는 것이다.

넬슨 만델라는 포기할 수 없는 꿈나무를 심는 사람이었다. 그는 1960년대에 '민족의 창' 이라는 무장 투쟁 조직을 만들어 활동하다가 체포되었다. 그가 종신형을 받고 로빈슨 감옥의 채석장에서 징역살이를 하는 동안 하루도 빠짐없이 열심히 운동하는 모습은 당시 누가 봐도 유별난 행동이었다. 그는 감옥에서 보내는 27년 동안 복수가 아닌 용서와 미덕, 그리고 미래를 준비한 사람이었다.

심리학자 빅터 프랑클이 죽음의 수용소 아우슈비츠에서 살아남은 비결 역시 꿈이 있었기 때문이다. 그는 이렇게 말했다.
"내가 살아서 오늘 여기에 있을 수 있는 이유는 단 한가지 입니다. 내가 생존할 수 있었던 것은 꿈 때문입니다. 많은 사람들이 소망을 잃어버렸습니다. 그러나 나는 꿈을 꾸었습니다. 나, 빅터 프랑클은 아우슈비츠에 갇혀있는 동안에도 항상 '내가 어떻게 죽음의 수용소에서 살아남게 되었는지 많은 사람들 앞에서 증언하는 꿈' 을 꾸었습니다. 나는 한 번도 이곳에 와 본적이 없습니다. 여러분을 만나 본 적도 없습니다. 이렇게 강연을 해 본 적도 없습니다. 하지만 나의 꿈속에

서 나는 여러분 앞에 서서 오늘 하는 바로 이 대화를 무수히 나누었
던 것입니다."

꿈

꿈은 마치 날개 달린 씨앗과 같다
소리 없이 날아 와서
머무는 동안엔 희망을 주고
떠나가 버리면 절망을 남겨 놓는다
그러기에 꼭꼭 가슴에 깊이 심어두고
남모르게 정성껏 키워야한다

꿈을 잃어버린 사람들은
오늘도 인디언의 후예마냥
빼앗겨 버린 꿈이 아쉬워
슬픈 역사처럼
낡은 차를 몰면서
헐레벌떡 꿈을 사냥한다

전우익의 〈사람이 뭔데〉라는 책에는 이런 내용이 나온다.

"우리 동네엔 5~10마리쯤 소를 먹이는 집이 네댓 집 있습니다. 사료를 먹이고 주사 놓고 시멘트 바닥에서 키웁니다. 하루 1kg씩 불려야 수지가 맞는 답니다. 억지로 먹이고, 병들까봐 주사 놓고, 빨리 크라고 발육촉진제와 항생제가 섞인 사료를 눈에 불 켜고 인정사정없이 먹입니다. 미친 사람들 같습니다. 소나 닭, 돼지, 개가 평생 흙 한 번 밟아 보지 못하고 무기 징역수처럼 우리에 갇혀서…(중략) 잡을 땐 무게 나가라고 호스로 억지로 물 먹여 죽인답니다. 지금 시골에서 첫째가는 공해가 소 먹이는 축사입니다. 둘째가 과수원이고요. 과실수에는 1년에 열두 번도 넘게 약을 칩니다. 아예 코팅을 해요. 밑으로는 비료와 제초제를 퍼붓습니다. 포도는 한 줄기에 30송이가 알맞은데 60~90송이 달리게 해서 이웃보다 빨리 팔자고 가지에 상처까지 냅니다."

20년 전에는 돼지가 하루에 650mg씩 자랐는데, 오늘날엔 하루에 900mg씩 자란다. 젖소는 40년 전에 비해 마리당 1년에 100리터의 우유를 더 생산한다. 이처럼 더 빨리 더 많이 생산하도록 유전적 변이를 시키면서까지 돈을 벌려는 인간의 탐심은 순리를 거스르고 대가를 치르게 되었다. 식물을 먹고 살아야 하는 소에게 동물성 사료를 먹인 결과 인류는 광우병의 공포에 시달리게 되었다.

통곡하는 파도

파도와 파도가 손을 잡고 깔깔대던 물보라는
하얀 이빨처럼 아름다웠고
그 향내는 파란 해초처럼 싱싱했다

모처럼 바다가 그리워 찾아갔건만
전에는 나를 보고 미소 짓던 파도가
오늘은 나를 보고도 웃지 않았다

기름을 뒤집어 쓴 파도는
부끄러워서 더 이상 웃을 수가 없었고
썩고 부패한 쓰레기로 배 불린 바다는

배앓이로 밤잠을 설쳤다

격동하는 파도에
햇살은 유리 파편처럼 부서져 물결 위를 뒤 덮는데
그처럼 부대끼는 몸부림으로도
바다 속 심연에 다다를 수 없기에
오늘도 파도는 소리 내어 울고 있다

프랑스의 판화가인 조르주 루오는 '진정한 의인은 향나무처럼 자신을 찍는 도끼에 향을 묻힌다.'고 말했다.

톨스토이의 〈부활〉에 이런 내용이 나온다.
한 제화공 할아버지가 예수님을 무척 만나보고 싶어 하자, 예수님은 그의 꿈에 나타나 '내일 너의 집에 가겠다'고 말씀하신다. 제화공 할아버지는 음식을 차려놓고 기다렸지만, 예수님은 오지 않고 한 번은 거지, 또 한 번은 청소부 영감, 저녁에는 사과 장수 아주머니가 다녀간다. 제화공 할아버지는 그들이 모두 추위와 배고픔에 떨고 있었기에 예수님께 드리려고 준비했던 음식을 모두 그들에게 주고 만다. 그런데 그날 밤 다시 꿈속에 예수님이 나타나자 제화공 할아버지는 '예수님, 왜 오늘 저의 집에 오지 않으셨어요?' 라고 물었다. 그러자 예수님께서 이렇게 대답하신다.

"나는 오늘 너의 집에 세 번이나 가서 대접을 받았잖느냐? 도움이 필요한 이웃을 돕는 것은 나를 대접하는 것이고 나를 사랑하는 것이니, 너는 진정 나를 사랑하는 사람이도다."

나는 오늘도 내일을 심는다

황토빛 황량한 북한의 산야에
푸른 나무가 숲을 이루고
쫓겨난 산 짐승이 고향으로 돌아오고
떠나간 새들이 노래 부를 그 날을 고대하며
나는 오늘도 꿈을 심는다

매말라 속살이 훤히 들여 다 보이는 갈라진 강바닥에
수치스러운 부끄러움을 감싸줄 물줄기가 흐르고
송사리와 메기와 미꾸라지가 함께 노니는 그 날을 고대하며
나는 오늘도 희망을 심는다

불신과 감시가 번뜩이는 공포에 주저앉은 야윈 뺨에

새 살이 솟아오르고
안도의 미소가 번지는 그 날을 고대하며
나는 오늘도 기도를 심는다

숨을 곳도 기댈 곳도 없는 상실의 불모지대에
획일화 된 사상의 감옥이 허물어지고
잃어버린 개성이 자유로이 아우러지는 그 날을 고대하며
나는 오늘도 소망을 심는다

꿈을 포기해버린 죽음의 집단 수용소에
북한 동포를 돕는 온정의 손길이 강물처럼 흘러들고
얼어붙은 마음이 녹아내리는 봄을 고대하며
나는 오늘도 내일을 심는다

1960년, 로마 올림픽 마라톤경주자 69명 중에 무명의 흑인 선수 한 명이 있었다. 그의 이름은 아베베 비킬라. 그는 2시간 15분 16초로 세계 신기록을 세우며 아프리카인 최초로 올림픽 마라톤경주에서 우승했다.

4년 뒤, 아베베는 도쿄 올림픽 마라톤경주에서 자신의 기록을 3분 앞당겨 다시 세계 신기록을 세우며 올림픽 마라톤경주 최초로 2연패를 달성했다. 더구나 그는 경기 6주전에 맹장수술을 받은 몸이었다. 그는 에티오피아인이었는데, 달리는 동안 숨이 턱까지 차오를 때는 1896년과 1934년 두 차례에 걸친 이탈리아의 조국 침공을 생각하며 달렸다고 한다. 그는 경기가 끝나고 이렇게 말했다.
"나의 조국이 강인하게 시련을 이겨냈다는 사실을 전 세계인에게 알리고 싶었습니다."

그 후 많은 흑인들은 아프리카의 자긍심인 맨발의 마라토너 아베베가 올림픽에서 세 번째 우승을 하기를 기대했다. 그러나 1968년 멕시코 올림픽에서 다리 골절로 경기를 포기해야만 했다. 그러다 1년 후, 교통사고로 하반신이 마비된 아베베는 장애인 대회에 참가하여 메달을 획득하고 나서 이렇게 말했다.
"제 다리는 이제 더 이상 달릴 수 없지만 저에겐 아직 두 팔이 있습니다. 저는 남과 경쟁해서 이기기보다 자신의 고통을 이겨내는 것을 언제나 우선으로 생각합니다. 고통과 괴로움에 지지 않고 마지막까지 달려서 저는 승리한 것입니다."

프랑스의 소설가 생텍쥐페리는 이렇게 말했다.
"당신이 큰 배를 만들고 싶다면, 나무를 찾거나 판자를 자르거나 일을 분배하는 것부터 시작하지 말고, 가장 먼저 사람들에게 바다에 대한 열망을 일깨워야 한다."

인생의 여정에 진정 필요한 건 나침반도 지도도 아니다. 도전 정신과 열정과 용기이다.

투혼

밤새 몰아치는 비바람이 창문을 세차게 두드리고
하얗게 부서져 쏜살같이 밀려오는 파도소리에 밤잠을 뒤척인다

롤러코스터가 올라가듯이 서서히 상승하던 물결은

그 정점에 이르자마자 먹이를 발견한 매처럼 해안으로 돌진
하고
환한 벚꽃처럼 흩날리는 파도는
어둔 밤에도 분주하게 새벽을 캐고 있었다

더 큰 폭풍우를 기대하면서 아침을 기다리던 사내는
기세를 누그러뜨린 비바람 때문에 적잖이 실망한다

그래도 먼동이 트기 전에
갈매기가 아침을 맞이하기 전에
만상이 기지개를 켜기 전에
따스한 이부자리가 사내를 절망의 나락으로 끌고 가기 전에

사내는 운동화 끈을 단단히 조이고 폭풍 속으로 뛰어들어
디포베이 해안, 그 절벽 위를 달린다
식어가는 피가 다시 뜨거워 질 때 까지…

〈※ '디포베이 해안'은 시애틀에서 자동차로 태평양 해안도로 101번을 따라 약 5시간가
량 달리면 나오는 오레곤 주의 멋진 해안이다.〉

케냐에는 아프리카어로 '누(Gnu)'라고 불리는 와일드비스트(Wildebeest)라는 동물이 있다. 크기는 작은 소만하고 온 몸은 짙은 회색에 얼굴은 말처럼 길며, 양처럼 하얀 수염이 나있고, 무소처럼 억센 뿔이 달려있다.

몸통에 비해 머리가 몹시 커서 전체적으로 불안정해 보이는 모습인데, 이 무리 속에는 어김없이 얼룩말이 섞여있다. 왜냐하면 와일드비스트는 냄새는 잘 맡지만 멀리 볼 수 없고, 얼룩말은 멀리 보는 눈은 있으나 냄새를 잘 맡지 못해서 사자 같은 맹수의 공격으로부터 자신들을 보호하기 위해 서로 공생하는 것이라고 한다.

서로의 단점만을 바라보면 둘 다 망하지만, 서로의 장점을 바라보면 둘이서 사이 좋게 살아갈 수 있다.

바람과 구름

바람이 성급하게 구름을 몹니다
잔뜩 골이 난 바람이 쉬지 않고 흔들어 댑니다
구름은 점점 시퍼렇게 멍이 듭니다

아픔을 견디지 못한 구름이 종내 울고 맙니다

하늘에서 비가 쏟아집니다
빗방울에 튕겨 나는 흙먼지는 단내를 풍기고
초목은 무심하게 푸르러만 갑니다
고통이 무익한 것만은 아닌가 봅니다

바람이 잠잠해 집니다
한 바탕 울고 난 구름도 개운한가 봅니다
이젠 예전처럼 바람과 구름이 한가로이 흐릅니다
살다 보면 힘든 때도 있고 기쁜 때도 있답니다

1776년, 드디어 미국의 독립이 선포되었다. 영국의 압제에 대항하여 56명의 지도자들이 목숨을 걸고 독립선언서에 서명한 것이다.

그러나 그들 56명 중 다섯 명은 영국군에 체포되어 고문 끝에 죽었고, 아홉 명은 전쟁에 참가했다가 죽었으며, 열 두 명은 재산을 완전히 파괴당하거나 방화 당했고 그들의 아들들은 전사했다.

델라웨어 주를 대표한 토마스 맥킨은 영국군의 수색에 쫓겨 다섯 달 동안 다섯 번이나 이사를 하며 도망 다녔다. 또 버지니아 주를 대표한 토마스 넬슨은 전 재산 2백만 달러를 던져 프랑스 함대를 유치하여 영국군과 싸웠다. 그는 사재를 모두 국방비로 썼지만 독립 후에도 반환 받지 않고 은행계좌가 파산 상태인 채로 세상을 떠났다.

잔잔한 호수에서는 결코 아름다운 조약돌이 만들어지지 않는다. 그것은 굽이치는 강물에서 만들어진다. 아름다운 인생은 편안한 인생을 산 사람의 몫이 아니라, 가치 있는 일을 위해서 고난을 극복한 사람의 몫이다.

자유

거침없이 몰아치는 맞바람을 뚫고 치솟아 오르는 매를 보면서
내 마음은 두근거린다

거센 물살을 거스르고 올라와서 생명을 창조하기 위해 목숨을 버리는 연어를 보면서
나는 생명의 소중함에 감동한다

수마가 할퀴고 지나간 강가에 앉아 강바닥에서 반짝이는 물때 벗은 조약돌을 보면서
나는 고난을 두려워하지 않으리라 다짐한다

히브리 민족을 구원한 모세와 아낙 사람을 쳐부순 갈렙의 나이 80세를 생각하면서

나는 단풍보다 더 화사한 노년을 불태우리라 소망한다

'스코틀랜드의 아들들이여! 여러분은 자유인이요. 자유인으로 싸우러 온 거요.' 라고 외치는 윌리엄 월러스의 함성이 오늘도 스코틀랜드인의 가슴속에서 요동치기에
푹신한 소파에 파묻혀 좌초한 배처럼 드러눕기 보다는
비바람이 몰아치는 언덕을 향해 뛰어 나가며
나는 젊음을 사냥한다

전제용(67세)씨는 K해운 소속 참치 잡이 원양어선 '광명 87호' 선장으로 1985년 11월 14일, 남지나해에서 표류중인 월남의 보트피플 97명(임산부의 아기 포함)을 구출했다. 그러나 선박 회사의 명령을 어겼다는 이유로 직장에서 쫓겨나고 결국 가정이 깨지는 아픔을 겪게 된다. 그 후 보트피플은 부산 해운대구의 적십자 난민촌 캠프에 머물다 미국, 프랑스 등지로 흩어졌다.

미국 LA의 웨스트민스터에 위치한 '리틀 사이공'에 사는 피터 누엔(63세)씨는 당시 보트피플 중 한 사람이었는데, 2002년 전제용씨를 미국으로 초청해 동료 월남인들과 함께 그의 은혜에 감사를 표했다. 그리고 피터 누엔 씨는 현재 전제용씨에 대한 책 〈바다처럼 마음이 넓은 사나이〉를 집필중이라고 한다. 진정 아름다운 일이다.

바다처럼 마음이 넓은 사나이

마땅히 해야 할 일이 무엇인지
아는 것만도 쉬운 일이 아닌데

그 일로 인해 세상에서 버려진다는 것은
더 어려운 일입니다

그럼에도 불구하고
자신의 행동을 후회하지 않는 것은
아름다움입니다

고운 마음을 지닌 고마운 임이여!

그대로 인해 이 세상이 따뜻하였고
그대로 인해 인생은 살 만한 가치가 있기에
그대로 인해 내 삶이 보람됩니다

내 부디 그대처럼 살아가기 원합니다

노벨평화상 수상자인 남아공의 데스몬드 투투 주교의 어린 시절 이야기이다.

그는 흑인들을 향한 백인들의 인종차별을 몸소 겪었다. 백인 우월주의자들을 만나면 그들로부터 받을 모욕과 멸시를 언제나 각오해야 했다. 어느 날 소년 투투가 어머니와 함께 거리를 걸어가고 있을 때, 그들은 영국 성공회 소속의 백인 신부를 만나게 되었다. 놀랍게도 그 신부님은 그의 어머니께 특별한 존경을 표하며 옆으로 비켜서서 정중하게 모자를 벗고 인사하는 것이었다. 소년 투투는 그 신부님이 어머니에게 보여준 태도에 큰 충격을 받았다. 그리고 그가 어머니께 '왜 저 백인 아저씨는 어머니를 예의 바르게 대하나요?'라고 물었을 때, 어머니는 '저 분은 복음을 전하는 분이란다. 그런 분들은 누구에게나 예의 바르지.'라고 대답했다. 투투 주교는 그 순간 자신이 성공회 신부가 되기로 결심했다.

나는 누구의 인생을 밝게 비춰주는 가로등이 될 것인가?… 누구의 인생행로를 결정짓는 등불이 될 것인가?…

가로등

어둠 속에 기다랗게 누워 있는 길을 밝히려
밤새도록 빨갛게 충혈 된 눈을 부릅뜬다

스스로를 달구어 열기를 발하다가
파리해진 눈을 감고
아침 여명 속으로 불빛이 스러진다

이제는
한 낮의 잊혀진 존재
차량이 질주하는 도시 한 복판

간혹 지친 날개깃을 내리려
가쁜 호흡을 가다듬는 새들의 방문이 정겹다

언제나 그 자리에
언제나 그 모습으로
한결 같은 마음
가로등이어라
밤이 되면 다시 길을 밝히려 눈을 부릅뜬다

루즈벨트 대통령은 나이가 들어서 소아마비를 앓게 되었다. 휠체어를 타고 다니며 다리가 불편한데도 아내의 격려가 있었기에 고통의 순간들을 이겨내고 훌륭한 대통령이 될 수 있었다.
루즈벨트는 그 시련의 순간에 아내에게 물었다.
"당신은 내 다리가 이렇게 되었는데도 여전히 나를 사랑하오?"
그러자 아내가 대답했다.
"내가 당신과 결혼할 때 당신의 다리만 사랑한 줄 아셨나요? 나는 당신 전부를 사랑해요."

자동차 왕 헨리 포드는 자동차를 만들겠다는 일념으로 얼마 안 되는 재산을 다 쓰고 빚을 내가면서 실험을 했지만 연거푸 실패했다. 그가 용기를 잃고 좌절했을 때, 그의 아내는 '이 세상 끝까지 어디라도 당신만을 믿고 따르겠다'는 말로 남편을 위로하고 격려했다. 핀잔과 무시가 아닌 신뢰와 기대를 보여준 아내의 사랑은 결국 헨리 포드를 자동차 왕이 되도록 만들었다.

해바라기

해바라기는 참 이상하다

붉은 햇님을 저리도 사모하면서
정작 자신은 노오란 색깔을
고집하고 있으니 말이다

개체의 완성이 없이는
연분의 완성이 없기에
자신의 색깔을 부끄러워하지 않으면서도
다른 색깔을 그리워하는 모습이
썩이나 아름답다

서로 떨어져 있으면서도
그 사이에 하늘을 끼워 넣을 만큼
크고도 든든한 관계를 유지하는 모습은
참 믿음직하다

인도의 민족 해방 투쟁 지도자인 네루(Pandit Jawahalal Nehru, 1889~1964)가 쓴 〈세계사 편력〉이라는 책은 9회에 걸친 투옥 기간 중 6회째의 옥중생활 때, 당시 13세였던 외동딸 인디라 간디에게 세계관과 역사관을 심어주기 위해서 쓴 편지 모음집이다.
할아버지와 어머니까지도 투옥되고 인디라 간디가 세상에 홀로 남게 되었을 때, 딸에게 민족의식을 심어주고 세계를 올바르게 보는 눈을 선물한 것이다.

이 덕분이었을까? 훗날 인디라 간디는 인도 최초의 여성 총리가 되고, 국민들로부터는 엄마라는 뜻의 암마(Amma)로까지 불리게 된다.
네루는 이렇게 말했다.
"참된 역사관은 몇몇 지도자를 언급하는 것이 아니라, 하나의 민족, 일터에서 묵묵히 식량을 생산하고 생활필수품을 만들어내는 민중을 다루는 것이어야 한다."

바위

헤일 수 없는 세월동안 깊은 지층 속
터질 듯 한 압박과 뜨거운 열기 속에서

분노로 일그러졌을 텐데 그래도 묵묵할 뿐이다
외부의 저항에도 결코 반항하지 않고
점점 안으로 단단히 다져진다

자신의 생김새에도 왈가왈부하지 않고
어쩌다 자기의 형태를 잃어버릴 지라도
새로운 탄생의 그날 까지 아득한 시간을 기다리며
안으로 안으로 자신을 다듬는다

먼 훗날,
나도 떠나고 수많은 세대가 지나가도
낡은 유적의 파수꾼이 되어
역사의 한 모퉁이를 지킨다

맑고 향기로운 삶을 살다가 얼마 전에 입적하신 법정스님은 이렇게 말했다.

"만난 사람은 그때부터 혼자가 아니다. 그는 단수의 고독에서 벗어나 복수의 환희에 설레면서 맑게 맑게 그리고 깊게 깊게 승화한다. 사람은 혼자 힘으로는 인간이 될 수 없다. 만남에 의해서만 인간이 형성되는 것이다."

만남

백도라지,
길게 솟아오른 줄기 위에 층층이 하얀 꽃송이가 눈부시다
하늘도 풀잎도 온통 파랗기만 한데 순 백색의 꽃은 기품이 고귀하다

현란한 형태도, 화려한 색깔도 아닌데
그 단순하고도 단아한 모습은 겸손하고도 당당하다

어설픈 어휘로는 표현할 수 없기에

애를 태우며 안타까워 하다가
좀 더 바라보며 가까이 다가갔다

도라지꽃은 둥근 오각형의 모양을 가졌는데
내가 본 꽃은 육각형의 모양이다

내 깐에는 흥분된 마음에 그 파격을 카메라에 담고
아내를 불러내어 놀라운 발견을 보여주었다

사모하는 만큼 관심을 갖게 되고
관심을 기울이는 만큼 더 알게 되는 것 같다

수많은 도라지 꽃 중에서
내가 만난 육각형 꽃잎의 백도라지

내가 저를 알게 되고, 저가 나를 만나면서
수많은 도라지꽃들 중에서도
우리는 이렇게 서로에게 의미 있는 존재가 되었다

마하트마 간디가 1931년 9월, 런던에서 열린 제 2차 원탁회의 참석을 위해 가는 도중 마르세유 세관에서 소지품 검사를 받을 때, 그는 세관원에게 '나는 가난한 탁발승이오. 내가 가진 거라고는 물레와 교도소에서 쓰던 밥그릇과 염소 젖 한 깡통, 허름한 담요 한 장, 수건 그리고 대단치도 않은 평판 이것뿐이오.' 라고 말했다.
보잘것없는 외모, 가진 것 없는 청빈함, 그러나 그는 인류의 대 스승이다.

인도의 시인 까비르는 '나는 물고기가 목말라 한다는 말을 듣고 웃었다.' 고 노래했다. 탐심은 물속에 있으면서도 갈증을 느끼게 만드는 것이다.
마음의 소리를 듣기 위해서는 마음을 비워야 한다. 아름다운 소리를 내는 악기는 한결같이 그 속이 비어있다. 채우는 것은 충만이 아니라 질식할 정도로 좁아지는 것이다. 비우는 것은 결핍이 아니라 여유로울 정도로 넓어지는 것이다.

탐심

채우고 또 채워도 채워지지 않는 것이 있습니다
버리고 또 버려도 비워지지 않는 것이 있습니다
채울수록 무거워 지는 데 비울수록 가벼워지는 것이 있습니다
쌓을수록 악취가 진동하는데 퍼낼수록 샘물처럼 시원한 것이 있습니다
채울수록 황폐해 지는데 비울수록 비옥해 지는 것이 있습니다
채울수록 죽어 가는데 비울수록 살아나는 것이 있습니다
채울수록 잃어버리는 데 비울수록 얻는 것이 있습니다
채울수록 가난해 지는데 비울수록 부유해 지는 것이 있습니다
채울수록 딱딱해 지는데 비울수록 부드러워 지는 게 있습니다
탐심입니다
비우면 이렇게 좋은데, 자꾸 채우려하다니…

1986년도에 개봉된 영화 〈미션(The Mission)〉은 420여 년 전 스페인과 포르투갈의 식민지전쟁으로 삶의 터전을 빼앗기게 된 남미 라플라타 앙상센 마을 원주민과 그들에게 복음을 전해준 제수잇 수도사들이 포르투갈 군대에게 저항하다가 죽임을 당한 사건에 관한 영화이다. 이 영화는 실화를 바탕으로 하고 있으며 내용은 이렇다.

영토 문제를 처리하려고 로마 교황청에서 파견 나온 고위 성직자는 원주민들에게는 조상대대로 살아오던 땅을 포기하라고 협박하고, 제수잇 신부들에게는 만일 원주민에게 동조할 경우 교회에서 파문시킬 것이라고 선언한다. 그러나 원주민들은 땅을 지키려 싸우다가 모두 죽고, 대다수의 제수잇 신부들도 원주민들과 함께 죽임을 당한다. 이 모든 일을 주관하고 지켜 본 고위 성직자가 교황에게 보내는 편지를 낭독하는 것으로 이 영화는 마지막 장면을 장식한다. 편지의 내용은 이렇다.

"친애하는 교황각하, 각하의 신부들은 모두 사망함을 알려 드립니다. 그리고 저는 생존하였지요. 그러나 진실로 죽은 자는 저이고, 산 자는 저들입니다. 왜냐하면 교황각하, 죽은 자의 영혼이 산 사람들의 기억에 살아남았기 때문입니다."

"So your Holiness. Now your priests are dead. And I am left alive. But in truth, it is I, who is dead and they who live. For as always, your Holiness, the spirit of dead will survive in the memory of the living."

이 영화는 몇 번이고 다시 봐도 언제나 나에게 가슴이 떨리는 감동을 선사한다.

가을 나무

낙엽이 떨어진다
한 잎
또
한 잎
나무는 미동조차 없다

헤어지고 싶어서 떠나는 거라면
미련 없이 멀리 떠나련만
힘든 겨우살이를 견뎌 내자니
떠나보내는 나무의 마음을
낙엽인들 모를 리가 없기에

행여 그 슬픔에 가슴이 텅 빌세라
낙엽이
한 잎
또
한 잎
수북이 쌓인다
나무 밑동 아래로…

어느 무더운 여름날, 미국 메릴랜드의 한 마을에 남루한 복장의 청년이 나타났다. 서적 외판원인 그는 더위와 배고픔에 지쳐 있었다. 그가 마을 입구의 허름한 집을 방문했을 때 한 소녀가 그를 맞았다.
"우리는 너무 가난해요. 책을 살 수가 없어요."
청년이 이마의 땀을 닦으며 시원한 우유 한잔을 부탁했다. 소녀는 우유 한 컵을 쟁반에 받쳐 정성껏 대접했다. 청년은 소녀의 친절에 감동해서 그녀의 이름을 수첩에 적어 두었다.

20여년 후, 메릴랜드 병원에 한 여성 중환자가 실려 왔다. 병원장 하워드 켈리 박사는 의사들을 총동원하여 환자를 살려냈다. 그런데 그 여인은 1만 달러가 넘는 치료비 청구서를 받아 들고 한숨을 토했다. 그러나 곧 청구서 뒷면을 보고는 깜짝 놀랐다. 뒷면에는 다음과 같은 병원장의 짤막한 메모가 씌어 있었기 때문이다.
"20년 전에 저에게 대접한 우유 한잔이 치료비입니다."

선행은 반드시 보상을 받는다. 물론 선행 그 자체가 보상이지만, 만일 땅에서 보상받지 못하면 반드시 하늘에서 보상받을 것이다.

청포도

그리움이 알알이 영글 때까지는
따가운 햇살도 견디리라

송이송이 푸르름이 청자 빛 하늘을 닮을 때 까지는
목마른 갈증도 참으리라

한 여름 무더위에 입에서 단내가 나도록 힘이 들지라도
파란 하늘에 담아낸 청포 치마폭으로
여린 얼굴 가리고
주렁주렁 열매 맺어 바칠 때 까지는…

세상에서 올곧게 사는
한 사람을 그리워하며
파랗게 파랗게 기다리리라

저의 외할머니는 전라북도 임실군에서 천석꾼의 딸로 태어나, 결혼할 때는 몸종을 둘이나 데리고 시집을 왔답니다. 처가의 도움으로 일본에 유학 간 외할아버지는 신교육을 받은 일본여성과 딴 살림을 차렸고, 얼마 후 외할머니와 무남독녀인 저의 어머니를 버려두고 일본으로 떠나 버렸답니다. 홀로 된 외할머니는 어머니를 키우셔서 저의 아버지와 결혼시킨 후 내내 사위집에서 사셨습니다.

그 때는 어렵게 살던 시절이라 전주천 다리 밑에는 걸인들이 많이 살고 있었습니다. 저는 학교를 파하고 집에 돌아오면 외할머니가 부엌에 차려 준 밥을 먹는 걸인의 모습을 자주 보곤 했습니다.

외할머니는 손주가 집에 올 시간이 되면 언제나 골목 밖에 나와 기다리고 있었습니다. 편안한 의자에 앉아서 기다리는 것도 아니고 그냥 쭈그리고 앉으셔서 마냥 기다리셨습니다. 그렇게 하염없이 기다려

주는 외할머니께 저는 한 번도 고맙다는 생각도, 표현도 못했었습니다. 오히려 넉넉지 못한 살림에 반찬을 준비하는 외할머니는 매일 같이 고심하셨을 텐데 그런 마음을 한 번도 헤아려보지 못하고 반찬 투정만 했었습니다.

간혹 꼬깃꼬깃 접어둔 쌈지 돈을 꺼내어 막걸리 한 주전자를 사오라고 제게 심부름시킬 때는 미안해하는 표정이 귀여웠습니다. 막걸리 주전자를 연탄불 위에 올려놓고 설탕을 넣어 끓여서 저와 함께 그 새콤달콤한 맛을 즐겼습니다.

외할머니와 함께 장을 보러 가면 완산 다리 밑에서 벌어지는 약장수 공연도 보고, 큰맘 먹고 사주시는 하얀 돌 사탕을 입에 물고 집으로 돌아오곤 했습니다. 초파일이면 깔끔하게 옷을 차려 입고 절에 봄나들이 가시는 모습이 행복해 보였습니다.

지금 생각해보니 평소에는 외할머니의 얼굴이 늘 슬펐던 것 같습니다. 학교 운동회 날이 되면 특별히 달걀 반찬에, 홍시 감도 사들고 오셨는데, 외할머니의 초라하고 구부정하고 쭈글쭈글한 주름살이 친구들에게 창피해서 짜증스레 맞이하곤 했었습니다.

용돈 달라고 떼쓰며 할머니께 발길질 해대던 못된 손주였기에, 왜 하필이면 학교 운동회가 열리는 가을이면 홍시가 주렁주렁 **열렸는지**,

지금 생각해보니 철없던 불효가 홍시보다 더 붉게 내 가슴에 저며 듭니다. 간경화증으로 돌아가시기 전에 성당에 다니는 큰 누님의 인도로 영세를 받으시고 성당묘지에 묻히셨습니다.

어제는 강남으로 떠났다던 제비가 동네로 돌아왔습니다. 느닷없이 떠오른 외할머니 생각에 직장에서 일하다가 주책없이 펑펑 울었습니다. 해가 서산으로 넘어갈 즈음에야 길어지는 세월의 그림자를 질질 끌면서 자식사랑보다 더 귀한 것이 손주사랑인 것을 어렴풋이 깨닫습니다. 아프고 섧고 부끄럽던 회한을 지울 수 없기에 돌이킬 수 없는 애타는 심정은 슬픈 마음으로 수채화물감처럼 내 가슴에 번져옵니다.

홍시

땡볕 잔가지
잎마저 떨어져 버리고
찬이슬 찬바람 견디다 보니
속살도 투명하게 피멍 맺힌 붉은 아픔

된서리 내릴 즈음에야

새 한 마리

달콤하게 입 맞추고 간다

지금으로부터 1세기 전, 영국의 옥스퍼드 대학에서 학생들이 종교학 시험을 치르고 있었다. 그날의 시험 문제는 '예수 그리스도가 물을 포도주로 만든 기적에 담긴 종교적, 영적 의미를 서술하라' 라는 문제였다.

다른 학생들은 부지런히 논술문을 작성하고 있는데, 한 학생만은 시험시간 내내 우두커니 앉아 있었다. 시험시간이 거의 끝나갈 무렵, 감독 교수가 다가와서 그 학생에게 어서 무슨 말이든지 쓰라고 재촉했다. 그러자 그 학생은 펜을 들어 답안지에 다음과 같은 한 줄의 문장을 썼다.

"물이 그 주인을 만나자 얼굴이 붉어 졌다."

이 학생이 훗날 영국의 계관 시인이 된 조지 고든 바이런이다.

어느 화창한 봄날, 한 신사가 뉴욕의 공원에서 노숙자를 만났다. 그 노숙자는 '나는 맹인입니다(I am blind)' 라고 적힌 푯말을 목에 걸고 구걸하고 있었다. 하지만 행인들은 그냥 지나칠 뿐 적선을 하지 않았다. 신사는 노숙자에게 다가갔다. 그리고 노숙자의 목에 걸린 글을 고쳐 적었다. 그 다음부터는 갑자기 적선하는 사람이 많아졌다.

그 신사는 푯말을 이렇게 바꿨던 것이다.
"바야흐로 봄은 오고 있으나 나는 볼 수가 없습니다(Spring is coming soon. But I can not see it)"
그 신사는 바로 프랑스의 시인 앙드레 불톤이었다.

시인의 하루

가슴 시린 한 편의 시를 읽고
하루 내내 행복할 수 있었습니다

낡은 기억 때문에 詩語들이 금방 날아갔지만
그 향내가 마냥 감미롭습니다

이처럼 아름다운 시를 토해내는 마음들이 있어
세상은 아직도 따뜻한가 봅니다

오늘은 여린 마음 가다듬은

시인이고 싶습니다

나뭇잎이 바람에 속살거리다가
노랗게 물든 낙엽 하나 유리창에 부딪칩니다
난 아직 보낼 준비도 안 되었는데
먼저 떨어져 버린답니다

먼지 쌓인 궤짝에서 해묵은 詩語들을 끄집어내어
햇살에 반짝 반짝 닦아봅니다

잔잔한 바람에도 살랑대는 잎새마냥
작은 스침에도 떨리는 감동이고 싶습니다

못 다 만든 시 한 편 남을지라도
얼굴에 미소 띠고 사랑 하나 품으렵니다

차나무는 한 종류이지만 찻잎을 수확하는 단계를 거쳐 가공하는 과정에 따라 완전 발효시킨 홍차(Black Tea), 반쯤 발효시킨 우롱차(Oolong Tea), 발효시키지 않은 녹차(Green Tea)로 나뉜다.

찻물이 붉어서 우리는 홍차라고 부르는 반면, 서양 사람들은 잎이 검다고 해서 '블랙티(Black Tea)'라고 부른다. 그리고 홍차는 최상품인 페코(Pekoe)에서부터 최하품인 더스트(Dust)까지 6등급으로 나눈다.

차 한 잔의 추억

바람이 실어오는 향기마다 껴안고
달빛아래 찬 이슬을 알몸으로 받아내어

긴긴 낮
뜨거운 햇살로 정성껏 달여서

꽃도 없고 열매도 없는 잎사귀에 사연을 담아
은근한 그 맵시를 편지처럼 띄운다

바람처럼 상쾌한 차향기가
아지랑이마냥 찻잔에 피어오르고

안개처럼 서늘한 새벽 냄새가
미소처럼 파르르 입가에 번지면

찻잔에 어리는 추억 속에서
여린 잎새 같은
풋사랑의 그리움이 떠오른다

닉 부이치치는 세계 곳곳을 다니며 학생들에게 희망을 심어주는 호주의 전도사이다. 그는 태어날 때부터 두 손과 두 발이 없는 장애인이다. 두 팔이 없어서 남을 안아줄 수 없지만 그는 자신의 장애를 받아들이고 극복함으로써, 수많은 사람들로 하여금 남을 안아줄 수 있도록 격려했다. 그는 이렇게 말했다.
"당신이 일어서는 것만으로도 누군가에게 희망이 됩니다. 일어서려고 백번을 시도해서 실패한다고 해도 포기하지 않고 계속하는 한 당신은 실패한 것이 아닙니다."

헨리 데이비드 소로우의 말처럼, 많은 사람들이 소리 없는 절망 속에서 살아가고 있다. 세상에는 어둠에 삼켜지는 사람들이 있는가 하면 어둠을 삼키는 사람들이 있다. 어둠을 삼키는 아름다운 사람들로 인해 세상은 그만큼 밝아진다.

나이가 아무리 어려도 삶의 무게에 짓눌리는 사람이 될 수 있고, 나이가 아무리 많아도 꿈을 키우는 아이가 될 수 있다. 희망을 잃지 않는 사람이야 말로 절망을 이길 수 있는 아름다운 사람이다.

하루의 초상

어둠이 굳게 잠가두었던 빗장 문을 열면
새벽을 주어먹는 토끼의 아침인사로 하루는 시작된다
곧 이어 소란스럽게 지저귀는 새들의 수다스러운 소리가 나고
아이들이 학교에 갈 시간이 다가온다.
노란 스쿨버스가 재잘거리는 희망을 싣고 떠나면
동네는 다시 침묵 속으로 잠긴다

태양도 아이들을 기다리다가 지쳐 슬그머니 지루해지는 때
양지바른 시멘트 바닥 위에서 도마뱀이 한낮의 오수를 즐긴다
가끔씩 뒤뜰로 간식을 즐기러 오는 노루가족이

장미꽃을 다 먹고 난 후 주저앉아 쉬노라면
갑자기 자기 영역을 침해당한 고양이 새미가
어찌할 줄 몰라 멀리서 맴돌지만
그 애타는 심정을 모르는 척 능청스럽다
스쿨버스가 아이들을 싣고 돌아오면
와자지껄한 함성과 함께 동네는 다시 활기가 넘친다

그리고 삶의 무게에 지친 사내가 집으로 돌아온다
지붕 밑 새들은 분주히 들락거리는데
기다림도 그리움도 반가움도 감동도 상실한 듯
일상은 단조로운 반복에 머물고 시간은 어둠 속으로 스며든다
밤은 죽음처럼 땅 밑으로 내려앉고
희미한 추억만이 어둔 공터를 서성인다

사내는 밤의 창고에서 소리 없이 꿈을 도난당하고
아이들은 부지런히 밤의 창고에 꿈을 실어 나른다

링컨은 '할 수 없는 일 10가지'로 다음 사항을 열거했다.

1. 성장을 억제 시키면서 풍요를 이룩할 수는 없다.
2. 큰 사람을 헐뜯으면서 작은 사람을 도울 수는 없다.
3. 강점을 약화시키면서 약점을 강화할 수는 없다.
4. 임금 주는 자를 끌어내리면서 임금 받는 자를 높일 수는 없다.
5. 부유한 자를 파괴하면서 가난한 자를 도울 수는 없다.
6. 수입 이상으로 낭비하면서 곤경에서 벗어날 수는 없다.
7. 미움을 품고 있으면서 가족애를 함양할 수는 없다.
8. 돈을 꾸어 쓰면서 안전을 수립할 수는 없다.
9. 남의 독립성을 무시하면서 좋은 인격을 구축할 수는 없다.
10. 자립정신을 키우지 않으면서 영구히 남을 도울 수는 없다.

그런가하면 미국의 변호사이자 저술가인 켄트 케이스는 '역설적인 십계명'으로 다음 사항을 열거했다.

1. 사람들이 비논리적이고 비합리적인 생각을 하더라도 그들을 사랑해야 한다.
2. 선행을 하면 이기적인 동기에서 선행을 한다고 비난하는 사람이 있더라도 그런 것을 유념치 말고 선행을 해야 한다.

3. 성공하면 그릇된 친구도 생기고 아첨배도 생길 것이다. 그러나 성공해야 한다.
4. 오늘 선행을 한 것이 내일 잊혀 질 수도 있다. 그러나 계속 선행을 해야 한다.
5. 정직하고 솔직한 삶을 살면 불이익을 당할 때도 있다. 그러나 솔직하고 정직한 삶을 살아야 한다.
6. 대의를 품은 사람이 졸장부의 손에 의해 쓰러질 수도 있다. 그러나 대의와 큰 꿈을 품어야 한다.
7. 사람들은 약자를 동정하면서도 강자를 따라간다. 그러나 약자를 위해 투쟁하는 사람이 되어야 한다.
8. 여러 해 동안 공들여 쌓은 탑이 하루아침에 무너질 수도 있다. 그러나 계속 탑을 쌓아야 한다.
9. 도움이 필요한 사람에게 도움을 주고도 공격을 당할 수가 있다. 그러나 도움이 필요한 사람에게는 도움을 줘야 한다.
10. 당신이 가진 최선의 것을 세상에 주고도 발길로 차일 수 있다. 그러나 가진 최선의 것을 이 세상에 주는 삶을 살아야 한다.

인생은 한 장 도화지

태어나면서 내게 주어진 *깨끗한 도화지*

나는 그 흰 종이 위에 그림을 그려왔다
처음엔 꽤 잘 그려보겠다고 신중을 기했다
마음이 원하는 바와는 달리 언제부터인가
그림은 질서를 잃고 조화도 이루지 못하고
모든 색깔이 뒤죽박죽으로 엉기고 말았다

단 한 장만 주어진 도화지였기에
뒤범벅된 그림을 보면서
돌이킬 수 없는 쓰라림으로 절망의 나락을 헤매고 있을 때
빛은 내게 다가와 내 까만 그림 위에 조심스럽게 색칠을 하기
시작했다

어두운 바탕 위에 회색을 칠하자 새벽이 태어나고 있었다
그 위에 다시 연분홍색을 입히자 태양이 잠에서 깨고 있었다

지평선의 끝 간 데쯤 달리자 산의 능선이 파도처럼 드러나고
파란색으로 칠해지는 하늘가에는
수많은 새들이 떼를 지어 날아든다
산을 넘어 내달린 빛살이 풀잎 위에 아롱진 이슬에게 입 맞추자
자명종이 법석대듯 바람은 풀잎을 흔들어 깨운다

빛살이 그 붓끝으로 꽃을 쓰다듬자
그 스침에 넋을 잃고 꽃은 향기를 토한다

나의 광복절은 이렇게 시작되었다
하얀 도화지에 나는 그림을 그렸고
처음에 내가 그린 그림은 개칠이 되고 말았다
반면에 빛이 내 대신 그리는 그림은 걸작이 되리라
그림이 다 완성되는 날,
나의 도화지위에는 그의 이니셜이 선명하게 인쳐지리라
빛!

일본의 하이쿠 중에 이런 작품이 있다.

내게 던진 돌을 줍자마자
나는 그것이 보석임을 알았다

나를 향한 남의 비판은 그것이 내게 관한 것이라면 나의 의견보다 더 진실에 가까울 때가 많다. 스트레스도 마찬가지이다. 내게 주어지는 스트레스에 겸손하게 반응하면 스트레스도 득이 될 수 있다. 고독도 마찬가지이다.

찻잔에 드리운 고독

모처럼 그녀와 함께 차 한 잔을 마신다
매일 함께 살면서도 참으로 오랜만에 그녀의 눈을 바라본다
어렵사리 끄집어낸 서운했던 고백들…

무반응에 당황한 사내는 어색한 침묵을 깨고 이렇게 중얼거린다
"아마도 기대가 많다 보니까 서운한 것도 많은가 봐!"

그녀는 이렇게 대답한다
"기대가 크면 실망도 큰 거야. 그러니까 기대를 버려."

사내는 다시 추워지는 마음에 목을 움츠리고 이렇게 독백한다
"옷을 너무 얇게 입었나 보다. 내일부터는 다시 두꺼운 옷을
입어야겠다."

아마도 그녀는
기대를 버리면 사는 게 추워진다는 사실을 모르나 보다
이미 식어버린 찻잔을 보듬은 사내의 손가락이 새삼 가난해
보인다

미국의 맹인 작가 겸 사회운동가였던 헬렌 켈러는 〈3일 동안만 볼 수 있다면〉이라는 책에서 기적의 소원이 이루어졌을 때 하고 싶은 일로 정작 평범한 소망을 말하고 있다.

"만일 내가 사흘 동안 볼 수 있다면 첫날에는 나를 가르쳐 준 설리번 선생님을 찾아가 그 분의 얼굴을 바라보겠습니다. 그리고 산으로 가서 아름다운 꽃과 풀과 빛나는 노을을 보고 싶습니다. 둘째 날엔 새벽에 일찍 일어나 먼동이 터오는 모습을 보고 싶습니다. 저녁에는 영롱하게 빛나는 하늘의 별을 보겠습니다. 셋째 날엔 아침 일찍 큰 길로 나가 부지런히 출근하는 사람들의 활기찬 표정을 보고 싶습니다. 점심때는 멋진 영화를 보고, 저녁에는 화려한 네온사인과 쇼윈도의 상품들을 구경하고, 저녁에 집에 돌아와 사흘 동안 눈을 뜨게 해 주신 하나님께 감사의 기도를 드리겠습니다."

비범(非凡)은 평범(平凡) 속에 존재하고, 행복은 일상 속에 존재한다. 평범 속에서 비범을 발견하고, 일상 속에서 행복을 발견한다면 삶은 더욱 진지하고 감사로 넘칠 것이다.

별

별이 쏟아진다

낮에는 임의 관심 붙잡을 수 없어서
온 종일을 기다리다가
한 밤에 쏟아진다

별 외에는
다른 것을 볼 수 없는
한 밤에…

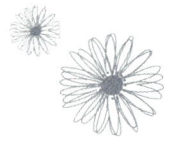

<u>코스트코</u>(Costco)의 책 진열대에서 책 한 권을 집어 들자 100여 년 묵은 흑백 사진들이 담긴 도시의 역사가 펼쳐진다. 1891년도에 파이프라인을 땅에 묻고 있는 노동자들, 낡은 공원에서 놀고 있는 아이들의 스냅사진, 파이크 마켓(Pike Place Market)의 옛 모습…
그리고 동일한 공간에 뿌려진 시간의 묘약은 그 당시엔 상상할 수 없는 오늘날의 모습을 겹쳐 놓는다. 도시의 대화재, 도시의 축제, 그리고 현대인의 군상들…
그리고 분주히 쇼핑카트를 끌고 오가는 사람들 속에 그들의 자취가 겹쳐진다.
순간을 남기고 떠난 그들… 떠난 자는 남은 자의 삶 속에 깃들고, 남겨진 흔적들은 더 나은 내일을 위한 오늘이 되라고 외친다. 옛 것은 새 것을 위한 주춧돌이 되라고 외친다.

그러나 우리는 과거로 되돌아가서 살 수도 없고, 미래의 날을 앞당겨 살 수도 없다. 해서 과거의 실패에 매일 필요도 없고, 미리 미래의 두려움을 가불할 필요도 없다. 지금까지 무슨 일이 일어났건 현재

우리가 할 수 있는 일에 최선을 다해야 할 것이다. 또한 인생의 가치는 우리가 성취해 놓은 결과에 의해서가 아니라, 오히려 우리가 시도했던 마음의 동기와 의도에 의해서 이루어진다는 점을 기억해야 할 것이다.
추억에 집착하면 앞으로 나아가지 못한다. 오늘에 최선을 다하며 과거를 기억하되 매이지 않는 것은 홀로서기의 역설이다.

그래서일까? 시인 서정윤은 이렇게 말했다.
"홀로서기는 홀로 살아가기 위해서 필요한 것이 아니라, 더불어 사랑하며 살아가기 위해서 필요한 것입니다."
그렇다. 홀로 설 수 있는 사람만이 쓰러진 사람을 일으킬 수 있다.

추억

떠나면서도 떠나지 못하는 것은
잊지 못할 추억이 그대와 나의 삶 속에 채색되어 있기에

다시 아니 뒤돌아보리라 다짐했건만

앞으로 나아가지 못하는 것은
등 뒤로 흘러내리는 그대의 눈길 때문에

슬픔도 섭섭함도 그대 몫이거늘
날 위해 눈물짓는 바보 같은 당신이기에

이제는 찾으려 해도 찾을 수 없기에 찾지 못하고
 잊으려 해도 잊을 수 없기에 잊지 못하니
차라리 아니 잊고 그리움만 간직하리

미국의 가톨릭 사제인 메다드 라즈가 쓴 〈세상을 바꾸는 작은 관심〉이라는 책에 이런 내용의 이야기가 나온다.

슬픔에 잠긴 한 여인이 병원 방문자 대기실에 힘없이 앉아 있었다. 그녀에게 이제 세상은 끝이 났다. 하나밖에 없는 딸이 조금 전에 죽은 것이다. 당직 간호사는 여인을 위로했지만 여인은 하염없이 흐느꼈다. 그런데 딸이 입원해 있던 병실 바로 옆 복도에 한 소년이 머리를 푹 숙이고 있었다. 간호사는 복도로 눈을 돌리다가 혼자 서 있는 소년을 발견했다. '저기 복도에 서 있는 꼬마 보이시죠?' 하고 간호사가 울고 있는 여인에게 말했다.
"저 어린 꼬마의 어머니는 젊은 세르비아 여인으로 일주일 전에 우리 병원에 왔어요. 그들은 전쟁에서 가족들을 모두 잃었어요. 그래서 조국을 떠나 올 때 옷 몇 벌만 가지고 수개월에 걸쳐서 이 낯선 땅에

왔어요. 여기에는 당연히 아는 사람이 한 명도 없었죠. 두 사람에게는 서로가 전부였습니다. 소년은 매일 병원에 와서 아침부터 저녁까지 저렇게 서 있거나 앉아 있었어요. 그런데 한 시간 전에 소년의 어머니가 죽었어요. 이제 소년에게는 돌아갈 집은커녕 의지할 단 한 사람조차 없어요. 저는 이제 저 아이에게 이 세상에서 가족이라곤 단 한 사람도 없다는 사실을 알려 줘야만 해요. 그런 사실을 알린다는 것이 너무 슬퍼요."

간호사는 말을 끊고 한참동안 감정을 다스리고 나서, 잠시 망설이더니 다시 말을 이었다.
"혹시 부인께서 저 대신 소년에게 어머니가 죽었다는 사실을 말해 줄 수 있나요?"
간호사의 말을 끝까지 다 듣고 난 여인은 분연히 자리를 털고 일어났고, 눈가에 흐르는 눈물을 손등으로 훔쳤다. 그리고 마음을 진정시킨 다음 복도 쪽으로 걸음을 옮겼다. 그리고 소년에게 다가가 야윈 그 아이를 자신의 품에 꼭 안아 주었다. 그녀는 그 어머니 잃은 소년을 딸이 없는 자신의 집으로 데리고 갔다.

불교 용어에 연기(緣起)라는 말이 있다. 이는 인연생기(因緣生起)의 준말로 '모든 현상은 원인과 조건이 관계하여 일어난다는 법칙'을 가리키는 말이다. 그러나 원래는 '갈대의 묶음'을 이르는 말에서 유래했다. 갈대 하나는 서기 어렵지만 그 갈대를 여러 개의 다발로 묶으면 쉽사리 설 수 있다는 가르침이다.
그렇다. 바람이 세차면 세찰수록 우리는 서로 부둥켜 안고 살아야 한다.

갈대

여린 몸과 몸이 하나 둘 모인다
혼자서는 서 있기도 힘든 세상인지라
부대끼는 아픔일랑 비벼대며 쓸어안고
더불어 어우러져 일렁이는 춤사위

이제는 시간의 머언 뒤안길을 돌아
홀로 찾아 든 갈대 숲속에서
소곤소곤 나누는 옛 이야기들

그땐 무척 힘들었노라고…
지금은 바람 부는 대로
내어 맡기는 갈대의 마음을 알겠노라고…

마르쿠스 아우렐리우스는 '우리도 언젠가 낙엽이리라' 라고 노래했고, 레미 드 구르몽은 '우리도 언젠가는 가련한 낙엽이니…' 라고 노래했다. 그러나 아름답게 지는 낙엽은 결코 가련한 것이 아니다.

일본의 세균학자 노구찌 히데요(1876~1928)는 아주 가난한 집안에서 태어나 두 살 때 화상을 입어서 왼손은 불구가 되었다. 21세에 독학으로 의사 자격증을 땄고, 24세 때 세계 최초로 매독균의 순수배양에 성공하여 치료제를 만들었다. 42세 때 황열병 연구를 시작하여 51세에는 아프리카로 건너가서 연구를 계속했다. 그곳에서 아프리카 원주민을 무료로 치료해 주고 그들과 같이 생활하다가 이듬해 그 자신이 황열병에 걸려 그곳에서 사망했다. 그의 무덤이 미국 뉴욕 교외에 있는데, 그의 묘비에는 '인류를 위해 살고 인류를 위해 죽다.' 라고 씌어 있다.

낙엽처럼

9월의 비가 내리자 여름내 후끈 달아오른 대지는
소금에 절인 배추처럼 풀이 죽어버렸다
헐렁한 외투 속으로 파고드는 찬바람에 마음도 단풍진다

여름 내 무성했던 잎사귀들
잠시 후면 모두 떠나보내야 하지만
바람의 속삭임이 나무의 외로움을 다독인다

길가의 가로수 잎사귀가 노랗게 익어간다
단풍은 가장 아름다울 때
바로 그 때,
나뭇가지의 손을 풀고
미련 없이 떨어진다
나무를 위해…

간디가 막 출발하려는 기차에 올라탔다. 그 순간 그의 신발 한 짝이 벗겨져 플랫폼 바닥에 떨어졌다. 기차가 이미 움직이고 있었기 때문에 간디는 그 신발을 주울 수가 없었다. 그러자 그는 얼른 나머지 신발 한 짝을 벗어서 그 옆에 떨어뜨렸다. 함께 동행하던 사람이 물었다.
"아니, 신발 한 짝을 왜 마저 떨어뜨립니까?"

그러자 간디가 이렇게 대답했다.
"어떤 가난한 사람이 바닥에 떨어진 신발 한 짝을 주웠다고 생각해 보세요. 그에게 신발 한 짝은 아무 쓸모가 없을 겁니다. 그러나 이제는 나머지 한 짝이 있으니 신을 수 있을 겁니다."

쌀이 귀하던 시절, 밥 한 그릇에도 가슴이 따뜻했다. 쌀이 흔한 지금 밥은 더 이상 감동이 되지 못한다. 밥은 따뜻한데 가슴의 온기는 식어 버렸고, 배는 부른데 마음은 고프기만 하다. 사람은 사랑을 먹고 자라야 아름답게 자라고, 사랑을 주고 살아야 사람답게 사는 존재이다.

자선냄비

나의 겨울이 유난히 추운 건
수은주가 뚝 떨어진 때문만은 아니다

두터운 옷 한 벌이면 따뜻하게 해 줄 수도 있지만
꽁꽁 얼어붙은 마음을 감싸 줄 옷이 없기 때문이다

나의 겨울이 길고도 고통스러운 건
이가 시리도록 외롭기 때문만은 아니다
그대, 차가운 길거리에 서서
잃어버린 내 마음을 들고 서 있건만
왜소하고 낡은 껍질을 감출
더 두터운 옷을 갖기 위해서
초라한 변명마냥 잰 걸음으로 그대 곁을 지나친다

돈을 잘 버는 건 기술이고
돈을 잘 쓰는 건 예술이라는 데
오늘도 이 거리에는
예술을 잃어버린 사람들만이 분주히 오간다

나의 겨울이 유난히 추운 건
날씨 탓만은 아니다.
내 마음이 이다지도 궁핍하기 때문이다

마더 테레사의 전기에 보면 '문제와 선물'에 관한 이야기가 나온다.

함께 일하는 수녀가 어느 날 마더 테레사에게 '원장 수녀님, 오늘 우리 병원에 너무 많은 문제가 생겼어요. 이런 문제도 있고, 또 저런 문제도 있어요.' 라며 문제에 대한 얘기를 늘어놓았다. 그때 테레사 원장이 젊은 수녀에게 이렇게 말했다고 한다.

"자매여, 문제라는 단어를 쓰지 말고 선물이라는 단어를 쓰면 어떨까요? 하나님이 허락하지 않으시면 그런 일들이 일어날 리가 없습니다. 또 하나님이 허락하신 일들이라면 다 좋은 게 아니겠습니까? 문제라고 하지 말고 선물이라고 합시다."

그때부터 캘커타의 마더 테레사가 운영하는 병원에서는 큰 문제가 생기면 '큰 선물'이라 부르고, 작은 문제가 생기면 '작은 선물'이라 부르는 전통이 생겨났다고 한다.

봄의 꽃샘바람도 문제로만 보면 불평이 나오지만, 선물로 보게 되면 감사하게 된다.

벚꽃

맨살 아리는 종기처럼
마디마다 아픔으로 뒤틀다가
딱딱한 각질의 껍데기를 뚫고
얼굴을 내민다

팝콘처럼 터지는 꽃망울마다 내뿜는
속 시원한 자유의 함성
그 힘겨웠던 고통에도 불구하고
하얀 웃음을 머금는다

시샘 하던 꽃샘바람마저도
이제는 꽃과 어우러져
춤을 추며 흩날린다

꽃이여!
바람이여!
춘삼월의 꽃바람이여!

오랫동안 사람들은 아프리카 대륙 최남단을 '폭풍의 기슭'이라고 불렀다. 그곳은 누구도 가까이 갈 수 없을 만큼 폭풍우와 파도가 흉흉한 바다였기 때문이다.

그러나 15세기 포르투갈의 탐험가 바스코 다 가마가 이곳에 도전하여 성공적으로 통과했다. 그 후 그곳의 이름은 '희망봉'이라고 불리게 되었다. 왜냐하면 '폭풍의 기슭'을 지나고 나니 그 다음에는 세계에서 가장 잔잔한 바다인 인도양과 아름다운 해변이 펼쳐져 있었기 때문이다.

역경 그 너머에 축복이 기다리고 있다. 사노라면 인생에 어둠이 오고 시리도록 아픈 찬이슬도 내리지만, 같은 이슬을 먹고도 장미는 향기를 뿜고 뱀은 독을 뿜는다.

어둠이 내리면

어둠이 내리면 무겁게 드리워진 커튼을 거두세요
아무도 당신을 훔쳐 볼 수 없으니까요

어둠이 내리면 가식을 벗고 자연스럽게 지내세요
자유로운 자만이 인생을 꾸밈없이 누릴 수 있으니까요

어둠이 내리면 팽팽한 활줄을 풀어 놓으세요
휴식이 없는 수고는 안식도 누리지 못하니까요

어둠이 내리면 흐르는 눈물일랑 멈추지 마세요
얼룩진 마음을 설거지 해주니까요

어둠이 내리면 아픈 상처 일랑 감추지 마세요

마음의 치유는 솔직한 고백과 정직한 용기에서 시작되니까요

어둠이 내리면 고요한 침묵에 귀를 기울이세요
임의 고른 숨소리와 생명의 박동을 들을 수 있으니까요

어둠이 내리면 지나간 역경일랑 꺼내지 마세요
털어놓지 못할 가슴앓이 비밀쯤은 누구에게나 있으니까요

어둠이 내리면 반짝이는 별을 보고 마음의 옷깃을 여미세요
별빛은 먼 길을 달려와서 꽃가루처럼 아름다운 꿈을 뿌려줄 테니까요

두 명의 영국인이 같은 시대에 아프리카를 탐험했다. 한 사람은 황금전쟁을 일으켜 원주민을 학살하고 엄청난 금과 다이아몬드를 영국으로 들여왔다. 그 당시 영국은 그를 진정한 애국자요 영웅으로 환대했다.

다른 한 사람은 영국의 침략주의와 노예제도를 반대하면서 모든 인간은 하나님 앞에 평등하고 존귀한 존재임을 강조했다. 그 당시 영국은 그를 반역자요 배신자라고 비난했다.

애국자로 추앙받은 사람은 '세실 로드'였고, 반역자로 비난받은 사람은 '데이비드 리빙스턴' 선교사였다.

오랜 세월이 흐른 지금 로드의 무덤은 흔적도 없이 사라졌지만, 리빙스턴의 무덤은 영국 국립묘지에 안장되어 있다. 한 사람은 황금의 힘을 믿었고, 다른 한 사람은 하나님을 믿었다. 그리고 그 믿음이 두 사람의 인생을 결정지었다.

사모곡

그대, 내게 가까이 오는 것도 감당치 못하겠거늘
하물며 내 어찌 그대에게 다가 서리까?

그대, 옷자락만 스쳐도 행복했거늘
어찌 돌이켜 나를 찾으셨나이까?

그대, 날 그냥 지나쳐 가시더라도 할 말이 없건만
어찌 다가와 내 이름을 부르셨나이까?

그대, 알지 못한다고 부인하고 저주하였건만
어찌 찾아와서 조반을 베푸셨나이까?

그대, 날 비난해도 원망할 수 없건만

어찌 정죄치 아니하고 고이 보내셨나이까?

그대, 동전 두 개 보다 더 창피했던 나의 마음을
어찌 이다지도 부요하게 하셨나이까?

그대, 내 곁을 떠나고 그 자취도 아니 보이건만
어찌 그 음성 지금도 잊지 못하게 하시나이까?

그대, 내 마음에 머물러 있기에
지금은 내 곁에 없지만
나는 그대를 떠나보내지 않았답니다

〈신약성경 누가복음 7장6절~, 8장48절~, 19장5절~, 21장1절~, 22장57절~, 요한복음 8장3절~〉

강영우 박사는 1972년 맹인 유학생 1호로 미국에 가서 인문학 박사 학위를 따고, 조지 부시 대통령 때 그의 자문위원 중 한 사람으로 발탁되었으며, 유엔총회 신체장애인위원회 부위원장을 지낸 사람이다.

한번은 가족 식사기도 중 7살 된 큰 아들이 '하나님, 우리에게도 눈 뜬 아버지를 주세요. 그래서 자전거도 태워주고 야구도 함께 할 수 있게 해주세요!'라고 기도했다. 그날따라 강영우 박사는 더욱 힘을 주어 '아멘!' 하고 아들의 기도에 호응했다고 한다.

그날 밤, 아버지는 아이들이 잠자리에 들 시간이 되자 방의 커튼을 내리고 전등 스위치를 껐다. 방안에 어둠이 깔리자 강영우 박사는 점자성경을 꺼내 성경을 읽었다. 아들이 '아버지, 아버지는 어떻게 캄캄한 밤에도 성경을 읽을 수 있어요?' 하고 물었다. 그러자 강영우 박사는 이렇게 대답했다.
"하나님께서는 누구에게나 그 사람만이 할 수 있는 재능을 주셨단다. 나는 너희들에게 자전거를 태워주지 못하고, 야구도 함께 하지 못하는 것을 미안하게 생각한다. 그러나 다른 아빠들이 못하는 것을 할 수 있도록 하나님은 나에게 복을 주신 것이다."

훗날, 큰 아들은 이 이야기를 대학 입시 에세이로 제출해서 미국 명문대학에 입학하게 되었다.
기자들이 강영우 박사에게 인간 승리라고 말하자 그는 이렇게 대답했다.
"저는 인간 승리가 아니라 하나님의 승리라고 생각합니다."

한편, 다산 정약용 선생이 두 아들에게 보낸 편지에 이런 내용이 나온다.
"남자는 모름지기 사나운 새나 짐승처럼 사납고 전투적인 기상이 있고 나서, 그것을 부드럽게 안으로 다스려 법도에 알맞게 행하면 유용한 인재가 될 수 있다. 사나이의 가슴 속에는 가을 매가 하늘 높이 치솟아 오르는 듯 한 기상을 품고, 천지를 조그맣게 보고, 우주를 가볍게 손으로 요리할 수 있다는 생각을 지녀야 한다."

매

바다 속을 유영하는 가오리의 날개짓 마냥
파도 위를 미끄러지듯 질주하는 펠리컨의 비행 마냥
래틀 스내익 릿지(Rattle snake ridge)의 세찬 바람 위를 나르는

매처럼 살고 싶다

외로움이 견디기 힘든 유혹이라 해도
고독을 선택하는
매처럼 살고 싶다

어느 누구도 감히 닿을 수 없는 곳
그 높은 절벽 위에 둥지를 짓고서…

외로움의 정상에서 하늘을 바라보리라

⟨※ 래틀 스내익릿지(Rattle snake ridge)'는 미국 워싱턴주 노스밴드에 위치한 산 이름이다.⟩

고국에서 독도문제가 불거질 때마다 이곳 미국에 사는 동포들도 일본을 향한 불편한 심기를 감추지 못한다. 나는 간혹 이웃 한인들에게 이렇게 묻곤 한다.
"독도는 어느 나라 땅입니까?"
그들은 한결같이 나의 질문을 황당하게 여기면서 곧바로 대답한다.
"당연히 한국 땅이지요."
그럼 나는 이렇게 말하곤 한다.
"아니오. 독도는 한국 땅도 일본 땅도 아닙니다. 독도는 힘 있는 나라만이 지킬 수 있는 땅입니다. 우리가 아무리 독도는 우리 땅이라고 외쳐도 지킬 힘이 없으면 또다시 일본에 빼앗기게 됩니다."

지금은 한국의 자동차가 일본차에 뒤지지 않지만, 불과 십여 년 전까지만 해도 한국 차를 타고 다니는 미주 한인이 드물었다. 이곳 교민사회도 삼일절이 되면 한인회관에서 삼일절을 기리며 독립만세 삼창을 한다. 그런데 이상한 것은 한인회관 주차장에는 한인들이 타고 온 일본차가 대부분이고 한국차는 거의 보이지 않곤 했다. 정치적으론 독립을 했을지 몰라도 정신적으로는 아직 아니라는 생각에 마음이 착잡해지곤 했다.

반일은 감정만으로도 가능하다. 반일을 하는 건 쉽다. 대가를 치루지 않아도 되기 때문이다. 그러나 극일을 하는 건 어렵다. 극일은 의지가 요구되며 대가를 치러야 하기 때문이다.

위선자는 인기를 얻기 위해서 진실을 말하지만, 정직한 사람은 상대에게 모욕을 주는 결과가 되더라도 진실을 말한다. 우리 모두가 정직한 사람이 될 때 극일을 향한 첫 걸음을 내 디딜 수 있다고 본다.

독도는 우리 땅

아침에 일어나
내쇼날 전기 보온밥통에서 밥을 꺼내 먹으며
소니 텔레비전을 켜고 뉴스를 본다
세이코 손목시계를 보니 벌써 직장에 갈 시간이다

서둘러 혼다 어코드 자동차를 타고 출근해서
컴퓨터의 파나소닉 모니터를 켜고
니콘 카메라로 찍은 아이의 생일사진을 들여 다 본다
생일선물로 닌텐도위 게임을 받고 즐거워하는 아이의 모습이 귀엽다

퇴근 후, 헬스 크럽에 들려서 아이오아 워크맨을 귀에 꽂고 조깅을 한다
열심히 운동을 한 탓에 식욕이 좋아졌는지
간식으로 이찌방 라면을 끓여먹고 나니
식료품점에 쇼핑을 갔던 아내가 토요다 캠리 자동차를 타고 귀가한다
오늘따라 시세이도 화장품을 바른 아내의 얼굴이 한결 젊어 보인다

우와지마야에서 사온 싱싱한 생선회에다
사케를 따끈히 데워서 먹으니 사는 게 즐겁다
이번 주말에는 새로 장만한 혼마 골프채로
골프장을 누빌 꿈에 부풀며 달콤한 잠을 청한다

갑자기 땅 땅 땅 소리가 나고
일본군이 쏜 일제 총알이 내 심장에 박힌다
깜짝 놀라 정신을 차려보니 다행히 꿈이다
독도는 우리 땅 땅 땅

'40살 이후부터는 인생이 아니라 여생을 사는 것이다.' 라는 글을 피천득 선생의 수필에서 읽은 적이 있다.

사진 찍기를 즐기는 나는 세월이 흐르는 순서대로 앨범을 정리해 두고 있는데, 그 앨범이 벌써 17개나 된다. 잘 정리해두기는 했어도 들춰 볼만한 여유가 없이 살아가고 있는 형편이다.

어느 한가한 토요일 오후, 딸아이는 앨범을 뒤적이며 자신의 어린 시절 사진들을 보고 있었다. 10년 전의 모습들이 담겨 있는 앨범이었다. 딸 옆에서 사진을 언뜻 바라보던 내 눈이 깜짝 놀랐다. 아내의 모습이 가장 예뻤던 시절이다. 그때는 왜 그것을 깨닫지 못하고 이제야 그걸 알게 된 것일까? 아쉽다. 그 당시 딸은 세 살이었고 아내는 33살이었다.
그 말을 아내에게 하니까 아내가 하는 말이 '엄마가 전에 이런 말을 했어요. 여자는 애 둘 낳고 나서 가장 예쁘다고요.' 이런다.

계속해서 앨범을 넘기던 나는 다시 한 번 놀랐다. 내가 가장 멋지게 보이던 때가 41살 때였다는 것을 알게 되었다. 생의 절정을 향한 오르막길이 진정한 인생의 길이라면 내리막길은 여생의 길인 셈이다. 인생이 인생인줄 모르고 살다가 여생에 접어든 후에야 인생을 그리워하는 격이 된 셈이다.

나이가 들수록 진한 색의 옷을 입게 되는 이유는 몸의 색이 바래기 때문이란다. 가을의 절정, 그것이 인생의 정점이라면 겨울의 시작, 그것은 여생의 전주곡이다. 그러나 실망만 할 일은 아니다. 겨울이 언제 항상 겨울이었던 적이 있는가? 봄 또한 항상 겨울의 두터운 껍질을 깨고 솟아날 준비를 하고 있지 않던가!

그러므로 겨울을 뚫고 봄을 맞이하려면, 결코 잃어버릴 수 없는 것을 위해서 결국 잃어버릴 수밖에 없는 것을 미련 없이 버려야 한다.

케이로 양로원

매주 월요일 아침 10시 45분
한국 할머니, 할아버지들이 모여서 예배를 드린다

H 목사님은 몇 년째 변함없이 오셔서 예배를 인도하신다
혼자 걷는 분이 두 분, 나머지는 모두 휠체어를 타고 다니신다
예배를 드리는 시간동안 졸다 깨기를 여러 번 반복하면
끝나는 시간이 된다

목사님이 예배를 인도하시기 전부터 그곳에서 사역을 해오
시던 한 권사님은 94세이시다
40세에 혼자되시고 8남매를 훌륭하게 키우셨단다
지금도 살고 계시는 K아파트에서 성경공부를 인도하신다

연세가 100세이신 할아버지는 내 아버님의 옆방에 계시는데
장로님이시다
방문할 때마다 어김없이 그분의 괴성 같은 목소리가 벽을 뚫
고 내 귀를 찾아온다
"하나님 아버지, 할렐루야!"

95세가 넘으신 권사님 한 분은 치매가 심하시다
그런데도 찬송가 가사는 잊지 않으시고 따라하신다

육체가 쇠잔해지면 치매가 올 수도 있다지만

영적인 유산만큼은 없어지지 않는가 보다
지금 그들의 육체는 꺼지는 등불 같지만 그 신앙은 믿음의 거장들이다

나도 나이가 많아지면 다른 건 다 잃어버려도
결코 잃어버릴 수 없는 믿음을 소유하고 싶다
거장들처럼!…

부산의 한 30대 공무원이 암으로 세상을 떠나기 전 남긴 선물이 동료들에게 잔잔한 감동을 불러일으켰다는 기사를 읽은 적이 있다.

부산시 사하구 구평동사무소에 근무하다 2006년 11월 12일 직장암으로 세상을 떠난 하옥례(37.여)씨가 그 주인공이다. 그녀는 '동료 여러분, 어려운 이웃들의 우산이 되어 주세요.' 라는 당부와 함께 부산시 사하구 소속 공무원 740여명에게 커다란 우산을 선물했다는 내용이다.

손잡이에 '건강하세요.' 라는 문구가 새겨진 우산을 갑작스레 받아든 공무원들은 처음에는 어리둥절했지만, 곧 누가 보낸 것인지 알고는 모두가 눈물을 흘렸다고 한다. 왜냐하면 '건강하세요.' 란 말은 '동료 여러분, 나라의 일꾼인 공무원으로서 힘들고 지친 서민들에게 힘이 돼줘야 하는데 그러지 못하고 먼저 떠나는 저 대신 비바람 불거나 눈보라 치는 날 어려운 이웃들의 우산이 되어 주세요. 여보, 혜인아, 혜원아 미안해 사랑해. 부디 건강하세요.' 라는 그녀의 유서의 마지막 말이었기 때문이다.

사랑은 연약한 것 같으나 강하고, 잘 드러나지 않는 것 같으나 끝까지 그 빛을 잃지 않고, 용기가 없는 것 같으나 어떤 두려움도 이겨내고, 짓밟히는 것 같으나 결국에는 승리한다.

등불 같은 사람아!

아직도 세상은 춥고 어두운데
생명의 진액을 짜내어 꽃을 피우는 사람이 있습니다

아직도 삶은 쓰리고 버겁기만 한데
상처에서 향기를 토하는 사람이 있습니다

아직도 겨울밤은 길기만 한데
부지런히 새벽을 깨우는 사람이 있습니다

아직도 난무하는 독설이 귀에 쟁쟁한데
긍휼을 잃지 않는 사람이 있습니다

아직도 맨 땅은 얼어붙어 있는데
묶은 땅을 기경하는 사람이 있습니다

아직도 믿지 못해 뒷걸음치는데
마냥 품어주는 사람이 있습니다

아직도 짓밟고 짓이기는데
연한 순처럼 일어나는 사람이 있습니다

아직도 세상은 춥고 어두운데
불 밝히는 사람이 있습니다

아직도 머뭇거리기만 하는데
사랑에 목숨을 거는 등불 같은 사람이 있습니다.

화가 이중섭 선생이 어느 날 앓아 누워있는 구상 시인의 문병을 갔다.

"그렇지 않아도 자네가 보고 싶었다네. 마침 잘 왔네."

"미안하네, 벌써 찾아오려 했지만 빈손으로 오기도 뭐하고 해서…"

"이 사람아, 그게 무슨 소린가? 자네 형편 다 아는데 빈손으로 오면 어때서?"

그러자 이중섭 선생은 들고 온 물건을 친구에게 건네주며 말했다.

"자네 주려고 가지고 왔네. 이걸 가지고 오느라고 늦어진 걸세. 복숭아를 그려왔네."

복숭아를 사다 줄 돈이 없어서 복숭아를 그려 온 이중섭 선생의 우정에 친구는 그만 눈물을 흘리고 말았다.

누군가 나를 위해

하늘이 울고 있다
언제부터였을까

나 때문에
누군가가 그렇게 울고 있었다

잠을 설치다 깨어난 한 밤에
비는 그렇게 내리고 있었다

우는 모습이야
칠흑 같은 어둠으로 감출 수 있다지만
가난한 손가락 틈새로 새는 흐느낌은
막을 수가 없었나 보다

당신의 속상함 때문이 아니라
상해버린 내 속 때문에
나를 위해
누군가 그렇게 울고 있었다

경기도 파주시 금촌 초교 허혜린(13세)양은 백혈병으로 항암 치료를 받으면서 시를 썼다. 그 소녀의 첫 시집 〈그리움〉에 실린 '이 세상이 공평하지 않은 건' 이란 시에 이런 구절이 나온다.

이 세상에 아픈 사람이 있는 것은…
그 사람이 불행해서가 아니다…
아픈 사람으로 인해 세상이 밝아지는 것이다…

아직은 이른데 벌써 익어버린 열매를 보는 것 같아 마음이 짠하다. 이럴 땐 철딱서니 없는 풋과일이 오히려 부럽게 느껴지는 것은 내 마음도 아픈 탓일까? 아직 채 여물지 않은 여린 뼈 마디 위에 무거운 쇳덩어리를 얹은 것처럼 버거워 보인다. 고통은 인간을 단련한다고 하지만, 너무 빨리 익어버린 열매는 기특하지만 또한 서럽다.
마음이 여릴수록 삶이 아픈 것이고 그게 인생이라면 조금은 무딘 마음을 갖고 싶다!

겨울나무

목이 타는 한 여름 땡볕도 견디었건만

바야흐로 이슬 촉촉한 가을의 문턱에서
어찌 인연의 끈을 놓아 버렸는지 모르겠습니다

늘 푸르름으로 서 있었기에
괜찮은 줄만 알았습니다

이리도 노랗게 빈혈을 일으킬 줄도
빨간 실핏줄이 터져 버릴 줄도 몰랐습니다

후회 없이 사랑한 사람만이
미련 없이 떠날 수 있는 것이라면
그대는 참으로 잔인한 사랑을 남긴 것입니다

떠남이 이렇게 아름다운 걸 보니
머무는 동안 한껏 사랑했나 봅니다

그대, 미련 없이 떠나 버린 그 자리에
나, 앙상한 모습으로 울고 있답니다

사람의 눈은 흰 부분과 검은 부분으로 이루어져 있다. 그러나 어째서 신은 검은 부분을 통해서만 사물을 볼 수 있도록 만든 것일까?… 탈무드는 그 답을 이렇게 말한다.
"인생은 어두운 곳을 통하여 밝은 것을 보아야 하기 때문이다!"

다음의 글은 영국 웨스트민스터 대성당의 지하 묘지에 있는 한 성공회 주교의 묘비에 적혀있는 글이다.
"내가 젊고 자유로워서 상상력에 한계가 없을 때, 나는 세상을 변화시키겠다는 꿈을 가졌었다. 좀 더 나이가 들고 지혜를 얻었을 때, 나는 세상이 변하지 않으리라는 것을 알았다. 그래서 내 시야를 약간 좁혀 내가 살고 있는 나라를 변화시키겠다고 결심했다. 그러나 그것 역시 불가능한 일이었다. 황혼의 나이가 되었을 때, 나는 마지막 시도로 나와 가장 가까운 내 가족을 변화시키겠다고 마음먹었다. 그러나 아아, 아무도 달라지지 않았다. 이제 죽음을 맞이하기 위해 자리에 누운 나는 문득 깨닫는다. 만약 내가 나 자신을 먼저 변화시켰더라면 그것을 보고 내 가족이 변화되었을 것을… 또한 그것에 용기를 얻어 내 나라를 더 좋은 곳으로 바꿀 수도 있었을 것을… 그리고 누가 아는가, 세상까지도 변화되었을지!…"

거울 속의 남자

거울 속에 한 남자가 있습니다
늘 보아오던 낯익은 얼굴입니다

거울이 슬퍼하고 있습니다
위로하고픈 마음에 거울을 향해 던진 미소

그 마음 너무 안타깝고 고마워서
거울은 그만 울어버렸습니다
거울 속의 그 남자도 따라 울었습니다

거울이 놀라워합니다
벗겨진 이마, 주름진 얼굴, 얼룩진 살결, 흰 머리카락

분명히 낯익은 얼굴
그러나 낯선 느낌 때문에…

조금씩 바뀌는 모습 눈치도 못 채고
무심히 지나친 그 동안의 무관심에
오늘 거울은 놀라워합니다

모처럼 그 남자가 돌아 왔습니다
무척이나 지친 모습입니다
봄을 해산하려는 겨울의 진통처럼
해마다 거르지 않는 겨울 독감을 앓았답니다

살아 있다는 것이 은혜이고, 감사라던 독백도
심한 몸살엔 허튼 소리밖에 되지 않더랍니다
그래도 다시 본 그 얼굴에 거울은 기뻐합니다

생각이 많은 것과 생각이 깊은 것은 다르다. 생각이 많은 사람은 생각만 하느라 바쁘고, 생각이 깊은 사람은 분주하게 생각하지 않으면서도 신중하게 행동한다. 생각이 많은 것은 잡념이고 생각이 깊은 것은 집념이다.

사람은 실패하기 때문에 포기하는 것이 아니라, 포기하기 때문에 실패하는 것이다. 집념이 있는 사람은 쉽게 포기하지 않는다. 잡념으로는 사상누각을 짓게 되지만 집념으로는 꿈을 성취하게 된다.

또한 성공을 한다고 해서 저절로 행복해 지는 것이 아니라는 것은 성공하고도 행복해 지지 못하는 사람이 많은 것을 보면 안다.
성공한 사람이 행복한 것이 아니라, 행복하게 사는 사람이 성공한 것이다. 그리고 행복은 물질을 지킬 때보다는 마음을 지킬 때 온다.
그러므로 우리네 인생에서 많은 생각보다는 깊은 생각을 해야 한다.

눈 내린 겨울 숲길을 거닐며

밤사이 내린 눈이 소복이 쌓이고
엷은 안개 담요 속에서 여태껏 아침 햇살은 졸지만

눈송이 속에 숨어 든 햇살만으로도 숲길을 환희 밝혀주는
이런 날엔 겨울 산 숲길에 접어든다

하늘과 땅은 온통 순백으로 맞닿고
간혹 수줍은 산짐승의 발자국만이
점점이 자취를 남긴 오솔길 가에
스치는 잔가지마다 해맑은 눈가루를 뿌린다

산이 높을수록 순진한 산새들은
눈처럼 하얀 마음을 품고
축제에 초대 받은 기쁨을 누리느라고
손바닥이 간지럽게 땅콩을 쪼아먹는다

전라의 나목마다 기품도 고귀하게
백설의 웨딩드레스로 단장한 신부인지라
나는 피가로의 결혼 행진곡에 장단 맞춘
행복한 신랑인양 눈 내린 겨울 숲길을 걷는다

O. 헨리의 단편소설 중에 나오는 일화이다.

어떤 집에 강도가 들었다. 그가 주인 남자에게 권총을 들이대며 '손 들어!' 라고 외쳤다. 주인은 왼손만 번쩍 들었다. 강도가 물었다.
"왜 오른 손은 들지 않는 거냐?"
주인은 몹시 괴로운 표정을 지으며 말했다.
"오랜 신경통 때문에 오른 팔을 들 수가 없어요."
강도는 그 말을 듣자, 한결 부드러운 표정으로 말했다.
"사실은 나도 신경통 때문에 고생하고 있는데…"
이윽고 두 사람은 신경통의 증세와 치료방법에 대한 이야기를 나누었다. 강도는 본래의 목적을 망각한 채 신경통에 좋다는 약을 설명하기 시작했다. 강도는 신경통의 동병상련도 동병상련이려니와 오랫동안 몹시 외로웠던 것이다.

고정희 시인의 시 한 구절이 마음에 날아와 꽂힌다.
"고통이여, 살 맞대고 가자. 외롭기로 작정하면 어딘들 못 가랴."

외로움

외로운 사람은 유난히 추위를 탄다
마음이 썰렁한 건 외로운 탓인가?

견디기 힘들어
외로움을 챙겨 들고 길을 떠나지만
먼~곳까지 가서도 버려두지 못하고
달랑달랑 매달고 되돌아온다
외로움을 벗 삼고서…

외로움도 어설플 땐 견디기가 어렵지만
익어 가면 견딜 만한가 보다

불청객처럼 불편하기만 하던 외로움도
품에 안으니
진주처럼 소중하게
여물어 간다

모든 탄생은 선물이다. 내가 태어날 때 나는 울었지만 가족들은 웃었다. 내가 죽을 때 나는 웃고 가족들이 운다면 그러한 끝은 시작보다 멋지다.

살다 보니까

희망을 버리면 절망이 오고
화음을 버리면 소음이 되고
웃음을 버리면 울음이 나고
용기를 버리면 사기를 치고
겸손을 버리면 불손해지고
만족을 버리면 부족해지고

양심을 버리면 욕심을 내고
성숙을 버리면 미숙해지고
자비를 버리면 야비해지고
평화를 버리면 불화하게 되고
미소를 버리면 조소만 남고
감사를 버리면 간사해지고
장점을 버리면 단점만 남고
생각을 버리면 착각을 하고
기특을 버리면 사특해지고
희생을 버리면 인생이 험하고
애정을 버리면 가정이 병들고
님을 버리면 남이 되더라

황혼(黃昏)

뭉게구름이 높게 흐르고
비행기가 느리게 하늘을 헤엄친다

철새들도 한가히 오가는 데
해는 서산 너머로 미끄럼을 타고

어둠이 깃들기 전 빚어지는 고요,
저녁 황혼은 곱다.

우리의 생이 다하는 날에도
황혼이 저리 간절할 수 있을까?

문득 노구를 이끌고 언덕을 넘는 농부가 보인다.
노고가 많은 사람아!
노년도 노을처럼 잔잔한 아름다움이어라

에필로그

길

아주 오래 전에 〈길〉이라는 영화를 보았다 그 줄거리는 다 잊어버렸는데 영화의 주제음악은 아직도 기억에 새롭다.
학창시절에 교과서에 실린 로버트 프로스트의 '가지 않는 길' 이라는 시를 읽었다. 지금은 그 시를 다 암송하지 못하지만 그 시의 내용은 내 머리 속에 그림처럼 각인되어 있다.

삶의 매 순간, 선택의 기로에 설 때마다 선택하지 않은 길에 대한 미련이 아쉽곤 했다. 가파른 길 앞에서는 언제나 좀 덜 가파른 길이 나를 유혹하는 장애물이 되었고, 나는 줄곧 유혹에 넘어지곤 했다. 가야만 했는데도 가지 않은 길을 뒤 돌아 본다는 것은 가서는 안 될 길을 간 후에 느끼는 자책감만큼이나 나를 힘들게 했다.

어린 시절엔 골목길에서 구슬치기와 땅따먹기를 하면서 보냈다. 중학교를 다니면서 큰 신작로 길을 걸어 다녔다. 고등학생 시절에는 가끔씩 끝없는 기찻길로 떠나가곤 했다. 대학입시에 실패한 후, 나는 외진 길이나 어두운 밤길을 거닐었다.

청춘을 지나, 결혼을 하고 함께 걷는 부부의 길은 외롭지 않았다. 하지만 존재로서의 인간은 철저히 혼자일 수밖에 없다는 인식의 벽에 부딪힐 때마다 나는 고독한 오솔길로 접어들곤 했다.

때마다 걷는 길의 이름은 바뀌었지만 쉬운 길은 없었다. 지금까지 걸어온 버거운 오르막길이 언젠가는 끝나리라고 고대했었는데, 이제는 더 이상 떠밀려 올라가지도 않고 정작 내리막길을 걸으면서도 즐기지를 못하고 불안해한다.
중력의 법칙을 거슬러 몸싸움을 하지 않아도 되는데도 불구하고 몸을 내 맡기고 내려 갈수가 없다는 것이 나를 당황하게 한다. 누구도 예외 없는 인생의 내리막 길이라지만 아직 채비도 못했는데 나는 벌써 그 길로 밀려가고 있다.

그러나 누군가 이렇게 말했다. '고물과 골동품의 차이를 아는가? 나이 든다는 것은 고물이 되는 것이 아니고 골동품이 되는 것이다.' 라고…
고물은 버릴 때도 값을 치러야하지만 골동품은 세월이 갈수록 진가를 발휘한다는 기특한 관념으로 다시 일어선다.

뒤를 돌아보니 꽤나 많은 길을 걸어왔다. 아름다운 골동품이 되기 위해 지금부터라도 해야 할 일이 무엇인가 다시 생각해보니, 갑자기 엄숙해지면서 또 다른 힘이 솟는다. 저녁노을은 질 때가 더 아름답듯이 생의 황혼 길을 황금 길로 장식해야 할 텐데… 불현듯 백범 김구 선생의 글이 생각난다.

"눈 덮인 들판을 걸어갈 때 발걸음 하나라도 어지럽히지 말라. 오늘 내가 가는 이 길은 뒷사람의 이정표가 될 것이기에…"

이제부터라도 가야만 하는 데도 불구하고 가지 않은 것 때문에 후회하는 일이 없기를 다짐해본다.

-레이니어산 정상의 만년설을 바라보며 시애틀에서 심 갑 섭-